起業と会社経営の実務がよくわかる本

ダンゼン得する

知りたいことがパッとわかる

税理士 古田真由美
社会保険労務士 平 真理

ソーテック社

本書の内容には、正確を期するよう万全の努力を払いましたが、記述内容に誤り、誤植などがありましても、その責任は負いかねますのでご了承ください。

＊本書の内容は、特に明記した場合をのぞき、2022年1月現在の法令等に基づいています。

Cover Design…Yoshiko Shimizu (smz')
Illustration…Hiroko Sakaki

はじめに

会社をつくろうと考えている人に読んでもらいたい！

　本書はこれから会社をつくりたい人、もしくはつくりたいけど不安があって迷っているという人のための１冊です。

　「会社をつくる」ためには、お金の準備だけでなく経理やらなんやら実務面も万全の準備が必要です。できるだけリスクを抑え、最低限のお金と時間で起業できるようにしましょう。そして会社ができあがればあなたはもう社長です。

　今までの経験から、モノを売ることは得意だ！　自分の技術には自信がある！という人であっても、これからは売るだけでなく経営していかなければなりません。

経営とは何か？

　ずばり「お金を回すこと」です。お金を回すためには売るだけではダメです。効率的にお金が入ってくるしくみをつくり、そのお金をどこにどう使って、さらに入ってくるお金をどう増やすかを考えなくてはなりません。

　それでは、どうやってお金を回すのか。お金を回すためには経理がわからなければなりません。経理とは「**経営管理**」の略です。経理はめんどくさい、苦手意識がある → あと回しにする → 税務署から書類が届く → わからない……。

　実は経理は簡単です。ひとり社長の会社のお金は社長しか使わないので、ますます簡単です。日々の経理事務をきちんとこなしておけば、決算も怖くありません。

必要最低限のダンゼン得することを知っておこう

　起業したばかりの会社では、おそらくすべての仕事が社長であるあなたの仕事になります。ですから、できるだけ時間と手間をかけずに、**必要最低限のことを漏れなく網羅しなければなりません**。

　やるべきことは、日々の経理事務だけでなく、社会保険関係や税務署などの役所対応など、さまざまな分野にわたっているので、手続きひとつ調べるにも手間がかかります。届いた書類の処理だけではなく、やっておけば得することもあります。

　本書は、**これから会社を興したら何をしなくてはならないのか、社長として知っておくべきことは何なのかなど、知らなければならないこと、そして知らないと損すること**をコンパクトにまとめています。

　いろいろな仕事を１人でする「ひとり社長」のために、できるだけわかりやすくムダを省き、「得する経理」をはじめ、たくさんの得することをお伝えしていきます。毎日の実務に役立ち、わからないときには辞書代わりにひける、常に手元に置いていただけるような本を目指して執筆させていただきました。

古　田　真　由　美

あなたは起業してどんな会社をつくりたいですか？

　すべてに自分の目が行き届くような少数精鋭の会社ですか。
　それとも将来は何十人も社員がいるような大きな会社ですか。
　はじめはひとりで気ままに仕事をしていても、事業が大きくなってくるとどこかで人を雇うことを考えなければなりません。人を雇うと、ひとりで仕事をしていたときとはケタ違いのお金がかかりますし、重い責任を負うことになるので、その一歩を踏み出すのには慎重にならざるを得ません。それでも人を雇えば、今までより大きな仕事ができるようになるし、会社として一段上のステージに上がることができます。

会社を伸ばすなら、何よりも人材が大切

　よく会社を経営する三要素として「ヒト・モノ・カネ」といいますが、なぜこの３つの中で「ヒト」が一番はじめにくるのでしょうか？　それはやはり「会社は人なり」、人が一番大切だからです。優れた技術や情報も、人がいなければ活かすことはできないのです。
　会社が継続的に成長していくにはいい人材が不可欠です。しかし、世の社長が１番悩むのもまた人の問題です。
　人を雇うにはいろいろな法律上のルールがありますが、それを知らなかった、あるいは軽く考えていたためにトラブルになった事例をたくさん見てきました。昔は労働法を守っていたら会社がつぶれるなどといわれましたが、今は逆です。守らないと会社がつぶれる時代です。いったんトラブルになってしまうと、その対応のために膨大な時間を割くことになってしまいます。それはあまりにも不毛な時間です。

ルールを守ってきちんと給与を支払う

　いい人材に長く働いてもらうには、こういう基本的なことをしっかり守って信頼関係を築かなくてはなりません。やりがいだけではなかなか人はついてこない時代になりました。**がっちりと信頼関係ができれば、その人はきっとあなたの頼もしい右腕になってくれるはず**です。
　労働法を守るといっても、複雑で難解な法律をすべて理解する必要はありません。本書に、誤解されやすい労務管理のポイントを簡潔にまとめました。人を雇ううえで、まずはどんなことに気をつけなければいけないのかポイントをつかみましょう。そして困ったときにはぜひ専門家に相談してください。
　この本があなたの会社の発展のお役に立つことを願ってやみません。

平　真　理

目 次

第1章　起業する前に知っておくこと

01 サラリーマンが起業する場合に注意すること? 16

02 個人事業と法人、どちらがお得? 18
- 個人事業と法人の違い

03 個人事業主が法人にするメリットは? 20
- 法人成りして給与を取ると所得税が下がるからくり
- 法人成りするとこれだけ節約できる！

04 個人事業主が法人にするデメリットは? 25

05 株式会社と合同会社はどちらにしたほうがいい? 27

06 株式会社をつくる手順を知っておこう 30

07 登記をする前に決めておくこと 32
- 取締役会設置と非設置会社の比較

08 定款にはどんなことを書くの? 35
- サンプル　定款 例

09 登記事項証明書（登記簿謄本）には何が書いてある? 39
- column　旧姓の併記 41
- サンプル　履歴事項全部証明書 例

| 10 | 本店はどこにするか？　バーチャルオフィスに要注意！ .... 43 |

| 11 | 設立時に決める事業目的の決め方 .... 45 |

| 12 | 決算期の決め方 .... 47 |

| 13 | 資本金の決め方 .... 49 |

- 設立時に必要となる経費例

| 14 | 資本金は誰が出すのか？ .... 52 |

| 15 | 資金を調達する方法 .... 55 |

| 16 | 借入れをするときの注意点 .... 57 |

| 17 | 信用保証協会って何？ .... 60 |

- 中小企業・金融機関・信用保証協会の関係
- 利用できる企業規模

| 18 | 事業計画書のメリットとつくり方 .... 63 |

- サンプル 事業計画書 例

| 19 | 法人化したら、社長1人でも社会保険に入る .... 67 |

| 20 | 社長が仕事中にケガをしたら .... 69 |

- 労災保険に特別加入できる中小企業
- 労災保険・健康保険・国民健康保険の補償範囲の比較

第2章 会社を動かすために必要なこと

21 まずは役所へ届出をしよう 72

22 銀行の選び方と口座開設のしかた 74

23 社長の給与の決め方 78
- ● 社長の給与の額面金額と手取り額の違い

24 1番カンタンな経理のしかた 81
- サンプル 領収書とレシートのサンプル
- サンプル お小遣い帳簿 例

25 領収書・請求書の書き方 85
- サンプル 領収書 例
- サンプル 請求書 例

26 勘定科目の決め方 88

27 会計ソフトの選び方 90

28 領収書の整理のしかた 92
- サンプル 会葬御礼はがきと出金伝票の保管のしかた

29 書類の整理・保管のしかた 94
- サンプル 書類のファイリング 例
- ● 主な経理書類の保管方法と保管期間

30 税理士の選び方 96

| 31 | 法人名義のクレジットカードはつくったほうがいい? | 99 |

| 32 | 資金繰りをよくする方法 | 101 |
- 入金サイトと支払いサイトの差を利用して資金繰りをよくする
- 相殺を利用して資金繰りをよくする

| 33 | いくら売ったら黒字になる? ～損益分岐点の求め方～ | 103 |
- 損益分岐点の計算方法
- 損益分岐点の求め方

| 34 | 自分の会社にあった予算の立て方 | 105 |
- サンプル 予算表 例

第3章 知らないと損するかもしれない!? 大事なこと

| 35 | その領収書は経費で落ちる? 落ちない? | 108 |

| 36 | 消耗品と減価償却資産の分かれ目は10万円 | 112 |
- 耐用年数表(抜粋・第6章75参照)
- column 「雑貨」は「雑費」ではない ... 114

| 37 | 持っているだけで税金がかかる備品もある | 115 |
- 課税対象の償却資産 例

| 38 | 免税業者でも消費税を請求できる? | 117 |
- 消費税の基準期間
- 消費税の計算方法

39	給与と外注費の違い 120
40	社長の自宅は社宅がお得？ 123
41	従業員に社宅をタダで貸してはダメ 125
42	出張手当はみんなが得をする 127

- サンプル 出張旅費規程 例

| 43 | 生命保険は会社の経費になる？ .... 130 |

- 経費にできる保険一覧

| 44 | 会社から借金したら利息がつく .... 132 |
| 45 | 小規模企業共済で節税できるって本当？ .... 134 |

- 小規模企業共済の加入資格
- 小規模企業共済の加入手続きの流れ
- column　年末ぎりぎりの加入で84万円の節税になる 136

| 46 | 経営セーフティ共済で取引先の倒産から守られる .... 137 |

- 加入資格

第4章　そろそろ人を雇おう

| 47 | 労災保険について知っておこう .... 140 |

- 社会保険（広義）とは

| 48 | 雇用保険について人を雇う前に知っておこう .... 142 |

- 従業員を1人雇うと労働保険の保険料はいくらかかるか？

49 ハローワークに求人を出そう 144
- ハローワークにおける求人の申し込みから採用までの流れ

50 人を雇ったら必要な手続き 146
- 入社時に本人に用意してもらう書類
- 社会保険、雇用保険の加入基準

51 労働条件は口頭でも大丈夫？ 149
サンプル 雇用契約書 例
column パートタイマーであっても雇用契約書は必要 151

52 試用期間中なら辞めさせてもいい？！ 152
- 試用期間中の解雇予告と解雇事由の関係

53 従業員が増えてきたら就業規則をつくろう 154
column ネットでダウンロードしたモデル就業規則は使わない！ 155
- 就業規則に記載する内容

54 労働時間って何？ ～法定労働時間と所定労働時間～ 157
- 労働時間と法定労働時間、所定労働時間の関係

55 有給休暇は必ず与えなくてはいけない？ 159
- 一般従業員の有給休暇の付与日数
- 有給休暇の付与スケジュール
- パートタイマーの有給休暇の付与日数

56 休日と休暇は何が違うの？ 162
- もともと休日の日に働くとどうなる？
- 休日と休暇の違い

57 振替休日と代休の違いは? 165
- 振替休日と代休にかかる割増賃金はこうなる

58 残業は法律違反?! 167
サンプル 36協定 例

59 人が辞めるときはどんな手続きが必要? 171
- 退職時の社会保険・雇用保険の手続き一覧
- 退職時の給与関連の手続き一覧

60 従業員を雇ってみたけど、解雇したい! 173
サンプル 解雇の事由（就業規則）例

61 従業員が仕事中（通勤途中）にケガをした 176
- 労働災害が発生した場合の手続きの流れ
- こんなときに使えるそのほかの労災保険

62 助成金を活用して人を雇ってみる 179
- トライアル雇用奨励金の申請から受給までの流れ
- 特定求職者雇用開発助成金の申請から受給までの流れ

63 アルバイトを正社員にするなら「キャリアアップ助成金」 182
- キャリアアップ助成金　受給までの流れ

第5章 大事な大事な給与計算

64 そもそも給与って何? 186
- 給与の構成要素

65 給与を支払うときの約束事 〜賃金支払いの5原則〜 188
- 賃金支払いの5原則とその例外

66 残業させたら割増賃金を払わなくてはいけない 190
- 割増賃金算定の際に除外する賃金
- 割増賃金の一覧

67 給与明細書を見てみよう 192
- 総支給額の求め方
- サンプル 給与明細書の見方

68 源泉所得税の計算のしかた 194
- 源泉所得税の求め方

69 住民税の特別徴収って何? 196
- 住民税の特別徴収事務の流れ

70 社会保険料の計算のしかた 198
- 社会保険料の求め方
- 通勤手当の取り扱いの違い

71 社会保険料と労働保険料の納め方 200
- 社会保険料の控除と納付のサイクル
- 労働保険の年度更新のしくみ

72 年末調整のしくみを知っておこう ... 202
- 年末調整の対象となる人・ならない人
- 年末調整計算の流れ

73 年末調整に必要な書類の書き方 ... 204
- サンプル 給与所得者の扶養控除等（異動）申告書 例
- サンプル 生命保険料控除証明書 例
- サンプル 給与所得者の保険料控除申告書 例
- サンプル 給与所得者の基礎控除申告書 兼 給与所得者の配偶者控除等申告書 兼 所得金額調整控除申告書 例
- 源泉徴収票の写しを税務署に提出しなければならない人

第6章 はじめての決算

74 決算って何をするの？ ... 214
- 税金の年間スケジュール（3月決算法人の場合）

75 減価償却って何？ ... 219
- 取得価額に応じた償却方法
- 減価償却費の計算 例
- 主な減価償却資産の耐用年数（抜粋）

76 決算のときの棚卸 ... 224

77 貸借対照表って何？ ... 227
- 貸借対照表のつくり
- 貸借対照表のチェックポイント

78 損益計算書って何? ... 230
- 損益計算書のつくり
- 損益計算書のチェックポイント

79 毎月の試算表は何を見る? ... 233
- 貸借対照表と損益計算書の関係

80 法人税の申告書に書くことと提出のしかた ... 237

81 消費税の計算のしかた ... 239
- 簡易課税制度のみなし仕入れ率
- 簡易課税の計算方法 例

82 納付期限までに税金を払わないとどうなる? ... 242
- 延滞税のしくみ
- 附帯税一覧
- 法人の場合の青色申告取り消し要件

索 引 ... 246

第1章 起業する前に知っておくこと

　これから自分で会社を立ち上げて事業をスタートしよう！　と思ったら、知っておくべきことがあります。

　「会社」をつくるためには、いろいろな手順が必要です。そして「会社」と名乗るためにはさまざまなルールがあります。それらを事前に知り、自分の目的とあった「会社」をつくりましょう。

● この章の目標

> ❶ 会社の種類とそれぞれのメリット、デメリットを知る
> ❷ 会社を設立する手順と、決めなければならないことを知る
> ❸ 資金調達の方法を知る

　このときに決めることは、原則ずっと変わらず継続されていくので、慎重に決めましょう。

01 起業・独立・副業・脱サラ・会社設立
サラリーマンが起業する場合に注意すること？

　会社を辞めて起業する場合、または会社に勤めながら副業で起業する場合、どちらも気をつけなければならない大切なことがあります。これからのことで頭がいっぱいでしょうが、会社を辞めずに起業する場合には、会社に同意を取っておきましょう。会社を辞めるなら、今後は会社の後ろ盾がなくなるので、辞める前にできることをしておきましょう。

会社を辞めずに起業する場合

≪❶ 会社の規定を確認する

　今までの給与を確保したまま、週末などに副業として起業する場合には、まず今の会社の規定を確認してください。法的な問題はありませんが、会社によっては副業や、他社の社員や役員になることを禁止していることがあります。自社での仕事への影響や、利益相反の可能性を気にしているためです。もし、このような会社に勤めている場合には、起業する前に会社と相談するべきでしょう。**もし黙って起業した場合、あとになって会社にバレてしまったら、解雇になる可能性もあります。**

≪❷ 住民税の特別徴収に要注意

　基本的に会社員の住民税は、給与を支払う会社が毎月給与から従業員の住民税を天引きし、会社から市などに納付します。これを住民税の特別徴収制度といいます。この住民税の金額は従業員が住んでいる市区町村が決定しますが、その金額確定のために、会社は毎年1月から12月分の給与の額などを翌年1月に市区町村に報告します。報告の内容は源泉徴収票に書いてある内容と同じです。ですから、**別の会社に勤めていたり個人事業の収入を今の会社の給与分と合算して確定申告すると、会社が支払った給与**

よりも収入の額が多くなり、会社にバレてしまいます。

≪❸ サラリーマンが起業しても会社にバレない方法

「**確定申告書の第二表**」に「**住民税の徴収方法の選択**」の欄があるので、ここを「**自分で納付（普通徴収）**」にしておくと、会社の分は特別徴収、それ以外は普通徴収になり、納付書を使って別途納税することになります。

会社を辞めて起業する場合

≪❶ お金を貯めておく

所得税や住民税、社会保険料など、会社員のときは毎月の給与から天引きされていた税金や保険料は、会社を辞めると自分で納付しなければなりません。特に注意が必要なのは、住民税や国民健康保険の金額です。住民税や国民健康保険料は昨年の所得に応じて確定されます。そのため**昨年は会社員で収入が多く、辞めてから収入が減っても、それらの税金の金額は昨年の高い収入の基準で課税されます**。

≪❷ 家の購入や引っ越しをしたいなら会社を辞める前に

会社員のときに引っ越しをするなら、不動産屋に昨年の源泉徴収票を見せれば大丈夫なところが多いでしょう。自宅を購入する場合も、勤務先が大きければ大きいほど信用度も高いですし、源泉徴収票に記載されている金額で信用度が変わります。しかし、起業してしまうともう勤務先の後ろ盾はなくなってしまうので、不動産屋や融資の審査が厳しくなってしまいます。また、会社を興して給与を高く設定しておいても、1人社長の場合、会社の決算書と自分の源泉徴収票の両方が必要となることが多いです。つまり、**会社も自分も潤っていなければ信用が取れず、引っ越しが難しくなります**。

≪❸ クレジットカードをつくっておく

クレジットカードも信用でつくることができます。❷と同様の理由で、会社を辞めて起業して社長になったばかりの場合、何も実績がないのでカードがつくりにくくなります。あまり想定したくはありませんが、事業の資金繰りに困ったとき、ほんの数日だけでもお金が借りられれば事業を継続できる事態になるかもしれません。そのとき、クレジットカードのキャッシングの与信額が大きければ、それで助かるかもしれないのです。

02 個人事業主・法人・法人成り

個人事業と法人、どちらがお得？

　起業するといっても、個人事業として起業するパターンと、法人をつくって起業するパターンの2つがあります。それぞれにメリット、デメリットがあるので、自分の希望する形と照らしあわせて考えましょう。

個人事業主のメリット・デメリット

≪個人事業主 ＝ 自営業
　よく、個人事業を営む代表者の人に職業を聞くと、「自営業」と答えます。自営業というのは、「株式会社などの法人を設立せず、自分で事業を行っている個人のこと」をいい、税務では「個人事業主」といいます。

≪個人事業主の税務
　自分で税務署に「個人事業の開業・廃業等届出書」（開業届）を提出し、自ら事業を行い、12月31日を締め日として1年間の収支決算をまとめ、翌年3月15日までに「所得税」の確定申告を行って納税します。1年間に290万円超の所得がある場合には、所得税のほかに「個人事業税」がかかります。

≪個人事業主のメリット
　法人を設立するためには資本金も必要ですし、登記費用もかかります。個人事業主の場合は自分で開業届を提出するだけで開業できるので、**初期費用がかかりません。**また1年間の収支が赤字であれば、所得税もかかりません。廃業するのも簡単ですし、**社会保険に加入する義務もありません。**

≪個人事業主のデメリット
　法人に比べて信用度が低いので、**融資を受けたり出資を募ったりするの**

が難しいです。また個人では許認可が下りず、開業できない事業があります。**利益が大きくなると法人よりも税金が高くなります。**

法人のメリット・デメリット

≪法人の税務≫
　法人にかかる税金には、「**国税**」「**県税**」「**市税**」がかかります。決算月はいつでも好きな時期に決めることができます。

≪法人のメリット≫
　個人より信用度が高いので、**融資を受けるといった資金調達が有利**になります。また信用度が高いということは、**事業拡大や人材の採用などにおいて個人事業主よりも有利**です（第1章03参照）。

≪法人のデメリット≫
　初期費用がかかります。資本金のほか登記費用が必要になり、設立にも時間がかかります。株式会社を設立する場合には、登記費用が最低25万円程度かかります。また、**赤字であっても法人住民税の均等割がかかります。**東京都の場合は最低7万円です。**社会保険への加入も義務づけられる**ので、社長1人だけの会社であっても社会保険料を負担しなければなりません（第1章04参照）。

● 個人事業と法人の違い

	個人事業	法　人
設立費用	不要。税務署に届出のみ	登記費用：25万円程度
決算期	12月31日	好きな時期に決められる
確定申告時期	3月15日	決算日より2カ月後
社会保険	従業員が4人以下なら加入義務なし	社長1人でも加入義務あり
融資	受けにくい	受けやすい
役員社宅	なし	役員社宅を借りられる
赤字の繰越欠損	青色申告なら3年間	10年間
会計処理	比較的簡単	煩雑になり税理士が必要

03 個人事業主・法人・法人成り

個人事業主が法人にするメリットは？

最初は個人事業で起業しても、利益が順調に増え続けたり消費税の課税事業者になったりすると、法人にしたほうが節税できることがあります。

法人成りの基礎知識

≪法人成りとは？

個人事業主が法人を設立して、今まで**個人事業で行っていた**事業を法人**に移行すること**です。

≪法人成りのメリット

税金上のメリットとそれ以外のメリットがありますが、**一番大きいのは節税効果**です。会社から自分や家族に給与を支払うことによって、会社の経費を増やして自分の所得税を節税することができます。また個人事業主として消費税を支払う義務が発生するタイミングで法人成りすることにより、消費税の免税期間を延ばすこともできます。

給与 の税金のメリットは4つ

≪❶ 給与所得控除で節税できる

法人にすると、社長自身に給与を支払うことができます。給与には「給与所得控除」という「みなし経費」があり、一定の算式で計算されます。**会社から見ると社長の給与も経費になる**ので、その分だけ節税できるメリットがあります。**社長は給与の額から給与所得控除を引いた残額に所得税がかかるので、その分節税できる**メリットがあります。

≪❷ 家族に給与を支払える

　青色申告をしている個人事業主であれば、青色事業専従者という制度によって家族に給与を払うことができますが、事前に税務署に届出をしなければならないうえに働き方に制限があります。しかし法人であれば、パートタイムで家族を働かせて給与を支払うなど働き方に制約はなく、自由に決められます。また、所得税は累進課税制度といって金額が多くなればなるほど税率が上がるようになっています。そのため、**1人で800万円の収入を得るよりも、400万円ずつ2人で収入を得たほうが税率が下がり、合計の税金が少なくなる**メリットがあります。

≪❸ 配偶者控除や扶養控除

　個人事業主が家族に給与を支払う場合、その金額に関わらず配偶者控除や扶養控除を適用することができません。しかし法人の場合、家族の給与を年間103万円以下にすると配偶者控除や扶養控除を適用できます。配偶者控除と扶養控除は38万円なので、**家族に給与を支払って会社の利益を減らして節税し、社長自身も配偶者控除と扶養控除等を適用して所得税を節税する**ことができます（所得によって変わります）。

≪❹ 退職金がもらえる

　退職金にも所得税はかかりますが、給与とは別で大きな優遇措置があります。勤続20年以下の場合、40万円 × 勤続年数（最低80万円）までの退職金であれば課税されません。20年を超えるとさらに優遇が大きくなり、800万円 + 70万円 ×（勤続年数 − 20年）までは課税されません。しかし、**個人事業主を何年やっても退職金をもらうことはできません**。

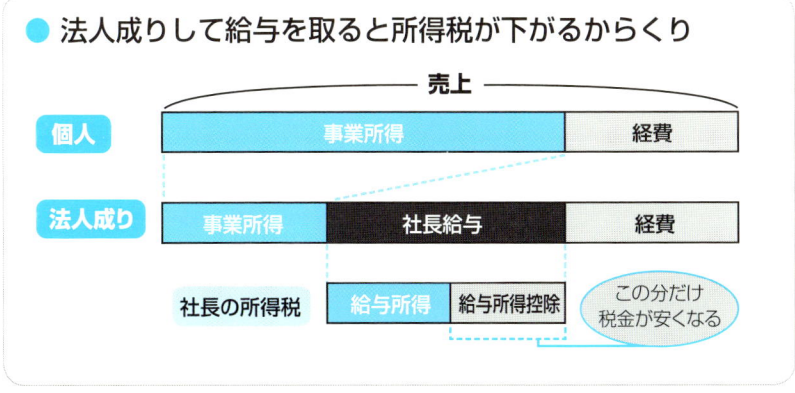

● 法人成りして給与を取ると所得税が下がるからくり

給与以外 の税金のメリットは5つ

≪❶ 出張手当がもらえる（第3章42参照）

　法人の場合、出張規定をつくっておけば出張手当を支払うことができます。**この出張手当は法人の経費になり、消費税の仕入税額控除の対象にもなります。**一方受け取った従業員の給与には加算されず、所得税も社会保険もかかりません。しかし、個人事業主では自分に出張手当を払うことはできません。

≪❷ 生命保険（第3章43参照）

　法人の場合、**法人契約で従業員を被保険人、受取人を法人にすれば、その保険料が法人の経費になります**（契約内容によります）。しかし、個人が生命保険料を支払っても所得控除は最大12万円しか受けられません。

≪❸ 役員社宅を使える（第3章40参照）

　個人事業の場合、自宅の家賃は経費になりません。しかし、法人の場合、**大家さんと契約をして社宅として社長に家を貸しつければ、家賃の50％程度は法人の経費となります。**

　また、家を借りるときにかかる敷金、礼金、不動産会社への仲介手数料などの費用も会社の経費にできるばかりか、火災保険も会社名義でかけることができます。

≪❹ 赤字を10年間繰り越せる（個人は3年）

　その年度の収支が赤字の場合、その赤字額を翌年度以降に繰り越すことができます。たとえば昨年100万円の赤字で今年150万円の黒字の場合、差し引いた50万円に対してだけ税金がかかります。この赤字額の繰り越しは、法人の場合10年間繰り越し可能ですが、個人の場合は3年間です。

≪❺ 消費税を2年間免税できる（第3章38参照）

　消費税の納税義務は2年前の売上高が1,000万円を超えている、または前年上半期の売上高が1,000万円を超えていると発生します（売上高の代わりに給与の合計額で判定することもできます）。**個人事業主のときの売上高が1,000万円を超えて課税事業者になるタイミングで、資本金1,000万円未満の会社を設立（法人成り）すると、この免税期間が延びます。**

● 法人成りするとこれだけ節約できる！

例 売上高1,600万円　経費500万円　利益1,100万円の場合

個人の場合

利益	1,100万円 ❶	
青色申告控除	△55万円	
基礎控除	△48万円	（住民税の場合：43万円）
課税所得	997万円	（住民税の計算では、1,002万円）
所得税	175万4,100円	997万円 × 33% －153万6,000円
住民税	100万7,000円	1,00万2,000円 × 10% ＋ 5,000円
合計	**276万1,100円** ❷	

※「個人の所得税率」

法人成りした場合（給与を月40万円に設定）

● 個人の税金

給与	480万円 ❸	
給与所得控除	△140万円	480万円 × 20% ＋ 44万円
基礎控除	△48万円	（住民税の場合：43万円）
課税所得	292万円	（住民税の計算では、297万円）
所得税	19万4,500円	292万円 × 10% － 9万7,500円
住民税	30万2,000円	297万円 × 10% ＋ 5,000円
合計	**49万6,500円** ❹	

● 法人の税金

利益	620万円	1,100万円（❶）－ 480万円（❸）
法人税	93万円	620万円 × 15%
地方法人税	9万5,790円	93万円 × 10.3%
法人都道府県民税	9,300円	93万円 × 1%
法人区市町村税	5万5,800円	93万円 × 6%
均等割	7万円	
事業税	14万円	400万円 × 3.5%
	11万6,600円	220万円 × 5.3%
特別法人事業税	9万4,900円	（14万円 ＋11万6,600円）× 37%
合計	**151万2,390円** ❺	

※東京23区内は合算される
※事業税は利益の金額によって税率が変わるので分けて計算する

個人と法人の合計　200万8,890円　❹＋❺＝❻
276万1,100円（❷）－200万8,890円（❻）＝ **75万2,210円**

法人成りすると75万2,210円節税！
そのほか、健康保険料も安くなります！

23

税金以外 の法人のメリット

≪❶ 借入の際、社長が保証人になれる

銀行や公庫などで借入をする場合、法人のほうが圧倒的に有利です。また、**法人の場合、借主が法人でその保証人に社長がなることができますが、個人の場合、第三者の保証人が必要になる**ことがあります。

≪❷ 許認可事業・新規取引に有利

新規の取引をはじめるとき、「法人」であることが前提となる場合があります。また、許認可が必要な事業や公共事業への入札なども個人では難しいことがあります。

≪❸ 事業の将来性

法人のほうが対外的な信用度が高いため、採用活動も個人よりは楽になります。また後継者がいない法人でも事業自体がうまくいっていれば、その事業を売却することができます。

≪❹ 助成金

借入金と違って助成金は返済の必要がないので、該当するものがあればできるだけ活用したいものです。法人でなければ受けられない助成金もありますし、法人のみという限定ではなくても、申請するための要件を満たすためには法人のほうが適している場合がたくさんあります。

現在の税制では、個人にかかる所得税はより高く、法人にかかる法人税はより安くなる傾向にあるので、利益が出る事業であればあるほど法人成りしたほうが得なことが増えます。最初は個人で事業をはじめたとしても、いずれは会社にするつもりでスタートするのがいいでしょう。

04 個人事業主・法人・法人成り

個人事業主が法人にする デメリットは？

法人成りするメリットはたくさんありますが、いいことばかりではありません。

法人成りのデメリットは6つ

≪❶ 法人登記費用がかかる

　株式会社を設立する場合、定款を作成し、登録免許税などを支払って登記しなければなりません。**登記手続きを司法書士に依頼するならその報酬も必要になるので、25万円程度はかかります。**

　また法人が本店を移転した場合や、代表者が引っ越しをした場合などは、その都度登記が必要となり、登録免許税と司法書士報酬がかかります。役員も最大10年間は継続することができますが、更新するにしても再度登記をしなければなりません。

≪❷ 法人住民税の均等割は

　法人の場合、**赤字であっても法人住民税の均等割が最低7万円程度かかります**（自治体によって金額が異なります）。

≪❸ 社会保険の加入義務（第1章19参照）

　個人事業の場合、5人以上の人を雇えば社会保険の加入義務がありますが、4人以下の場合は任意です。**しかし法人の場合、たとえ社長1人の会社であっても社会保険の加入義務があり、その経費を負担しなければなりません。**社会保険料は、個人の給与から天引きされる金額と会社が負担する金額の合計額を支払わなくてはならないので、負担は大きく、1度加入したらやめられません。

≪❹ 税務調査の確率が上がる

　個人にも税務調査が入ることはありますが、その確率は、一般的に法人のほうが高くなります。

≪❺ 事務負担と税理士費用がかかる

　個人事業主の場合、会計ソフトを使って所得税の確定申告を自分ですることはそんなに難しくありません。しかし法人の場合、作成書類が格段に増えてその計算も煩雑になるため、経理の知識がなければ自分で確定申告をすることは難しくなります。税金の計算をできるのは税理士だけなので、**税理士に依頼すると顧問報酬や決算報酬がかかります。**

≪❻ 各種の契約が「法人」になることで高くなる

　銀行のネットバンキングなどの場合、個人だと無料で利用できるサービスであっても、法人だと毎月手数料を取られることがあります。電話やプロバイダーの契約なども個人と法人では価格が変わることがあります。細かい金額ですが、小さなことでも積み重なればそれなりの金額になります。

法人成りはいいことばかりではなくいくつかのデメリットがありますが、事業が軌道に乗ってきたならばぜひ法人成りすることをお勧めします。法人としてのデメリットは得られるメリットに比べれば小さなことです。

05 株式会社・合同会社・LLC

株式会社と合同会社はどちらにしたほうがいい？

「会社」といってもいろいろな種類があります。自分が目指す会社の目的や役員の人数など、会社の実態にあわせて法人の形態を決めましょう。

会社の種類は4つある

≪日本で会社を設立する場合

「株式会社」「合名会社」「合資会社」「合同会社」の4つの中からいずれかを選択することになります。

≪無限で責任を負うのは避けたい

最近、「合名会社」と「合資会社」はあまり見なくなりました。それは経営者が直接リスクを負わなくてはいけないからです。

「**合名会社**」は、すべての社員（株式会社の社員ではなく、「出資者」という意味です）が会社の債権者に対して直接責任を負う「**無限責任社員**」になります。会社が倒産し、債務を会社の財産だけで弁済できない場合、無限責任社員は自己の財産を弁済に充てなければなりません。

「**合資会社**」には、「**無限責任社員**」「**直接有限責任社員**」の両方の社員（出資者）がいます。直接有限責任社員は、あらかじめ決められた出資額の限度で会社の債権者に対して連帯責任を負わなくてはなりません。

株式会社と合同会社の違い

≪これから会社をつくる場合の選択肢

そう考えると、これから会社をつくる場合の選択肢は「**株式会社**」か「**合**

同会社」のいずれかになります。**株式会社と合同会社はどちらも有限責任社員で構成されます。**

≫株式会社の場合、出資した割合がポイント

株式会社の場合、出資割合に応じて株主総会の議決権の割合が決まるので、たとえば資本金1,000万円のうち800万円をAさん、残りの200万円をBさんが出資したとすれば、議決権も同じ割合となります。この例だと、会社の意思決定はほぼAさんに依存します。

≫合同会社の場合、出資した割合は関係ない

合同会社の場合は、原則として出資の割合は関係ありません。「出資者＝社員」になるので、出資割合に関係なく全員一致でなければいけません。複数の出資者がいる場合、うまくいっているときはいいのですが、もめごとが起こってしまうと収拾がつかなくなる可能性があります。

≫会社の客観的イメージは、株式会社のほうがいい

株式会社は組織名称の略称で（株）を使いますが、合同会社の場合は（同）となります。（同）では少しインパクト不足で、はじめて会った人や周りの人に合同会社の略称であることをひと目でわかってもらいにくいです。

≫合同会社の「社員」は株式会社の「社員」と違う？

また、合同会社では出資者を「社員」と呼び、いわゆる会社員や従業員とは異なります。社員の中から代表者を選び「代表社員」となりますが、この代表社員は株式会社における代表取締役兼株主に該当します。いわゆる**社長や代表取締役に相当する立場であっても、名刺上は代表社員なので、**合同会社の組織形態を理解している人がまだまだ少ない日本では、「社員＝従業員？」と思われてしまうかもしれません。

≫株式会社の配当は出資割合で決まる

株式会社が配当を行う場合、出資割合に連動して配当金を支払います。たとえば、「1株あたり1,000円配当する」と決めれば、10株持つ人は1万円の配当金、20株持つ人は2万円の配当金を受け取ることができます。

≫合同会社の配当は出資割合は関係ない

合同会社が配当を行う場合は、出資割合と関係なく利益配分を設定することができます。

では、合同会社のメリットって何？

≪❶ 設立費用が安い！

　法務局に払う登録免許税が株式会社の場合15万円かかりますが、合同会社の場合は6万円ですみます。また株式会社の場合は公証役場で定款認証が必要ですが、合同会社の場合は定款認証が不要なので、その費用約3〜5万円がかかりません。

≪❷ 決算公告がいらない

　決算公告とは、会社の事業年度の終了後の決算で作成した貸借対照表を株主総会で承認したあとに、官報や日刊新聞紙、自社のWebサイトなどに掲載することです。実際にすべての株式会社が決算公告をしているわけではありませんが、本来株式会社は決算公告をして会社の決算書を公表する義務があります。**合同会社は決算公告が不要**です。

それでも迷ったら
株式会社にしておけば安心！

≪株式会社が圧倒的に多い

　これらのことを考えると、出資者が複数いる場合には株式会社、出資者が自分だけの1人会社であれば、起業後の取引内容を考えて選択します。

≪LLC = 合同会社という選択肢も考える

　海外取引が多い会社や外国人が設立する会社なら、合同会社を選ぶこともあります。英語では「合同会社 = LLC」として認知度も高いですし、英語の名刺なら「LLCって何？」と言われることはまずありません。

≪迷ったら株式会社

　起業する時点でどちらがいいのかはっきりと決められず迷うならば、株式会社を選択しておけば間違いありません。日本の法人の多くは株式会社なので、社会的認知度が格段に高く、また現在1人会社であってもいずれ会社を大きくして新たな出資者を募る可能性など、**将来への展望を考えた場合にも株式会社を設立しておけば安心**です。

06 起業・法人設立登記・定款・定款認証

株式会社をつくる手順を知っておこう

　会社をつくるということは、法務局に登記をしなければなりません。登記が完了するまでの流れを把握しておきましょう。

株式会社設立手続きの流れ

≪❶ 同じ住所に同じ名前の会社がないか調べる

　同じ住所に同じ名前の会社（同一商号）を登記することはできないので、インターネットや電話帳、法務局で同じ名前の会社がないかを確認します。

≪❷ 出資者（発起人）、取締役の印鑑証明書の取得

　設立時に出資をする人を発起人と呼び、会社の株主となります。発起人と取締役になる人の印鑑証明書を、定款認証と登記申請のときに使います。

≪❸ 定款をつくる

　定款とは会社のルールを記載したものです。定款は設立のときに作成したものをずっと使い、変更があったら、この定款の後ろに変更事項を足していきます。定款にはいろいろなことが書かれていますが、**重要な項目は、事業の目的や資本金の額、機関設計や事業年度など**です。それ以外のことは大方どこの会社も変わらず同じような内容になります（第1章08参照）。

≪❹ 定款の認証を受ける

　作成した定款に発起人全員が押印したあと、**公証役場で公証人にその定款が適法であることを認証してもらいます**。これを「定款認証」といいます。このとき**定款を3通（公証役場保存用、会社保存用、登記用）作成して持参**します。手数料3〜5万円と収入印紙4万円が必要になります。2018年11月より、実質的支配者の申告が定款認証時に必要となりました。

≪❺ 法人の印鑑をつくる

登記をする際に会社の実印を登録するので、法人の印鑑を作成します。

≪❻ 発起人の誰かの通帳に資本金を払い込む

発起人がそれぞれの出資金を資本金として払い込みます。まだ会社の通帳はないので、発起人のうちの誰かの個人の通帳に振り込みをします。振り込みの際に、必ず発起人の名前が印字されるようにします。**自分の通帳に自分で現金預け入れする**こともできます。**振込完了後、通帳をコピーして払込証明書とします。**

≪❼ 登記書類の作成

株式会社設立登記申請書を作成します。

≪❽ 登記申請

本店となる場所の管轄法務局に登記の申請をします。登記申請をした日が会社の設立日となるので、日付にこだわりがある場合は、その日に提出します。登記の際にかかる登録免許税（印紙代）は、15万円もしくは資本金額×0.7％のいずれか大きいほうの金額になります。登記の完了までは1週間程度かかります。

登記を専門家に依頼する

≪電子公証制度を利用すると安くなる

左頁の❹で述べたように、定款認証のときに定款に貼る印紙代が4万円かかります。ただし、電子公証制度を利用し、電子で定款を作成するとこの4万円の印紙が不要になります。この制度を利用できるのは、司法書士、弁護士、行政書士、公認会計士になります。

≪行政書士は登記申請の代理はできない

登記の申請を代理できるのは、司法書士、弁護士、公認会計士だけです。

≪専門家に頼めば手数料がかかる

上で述べたように、法人設立には大変手間がかかり、書類作成も煩雑ですから、一般的に司法書士に設立登記を依頼することが多いでしょう。その場合、定款認証を電子にしてもらえば4万円節約できますが、司法書士報酬もかかるので、法人をつくるための初期費用は安くありません。

07 起業・法人設立登記

登記をする前に決めておくこと

登記する内容は自分たちで決める必要があります。1度登記した内容を変更するには変更手数料がかかるので、慎重に決めましょう。

登記すべき内容

≪❶ 会社名（商号）

　株式会社、合同会社などを前につけるか後ろにつけるかなども含めて、会社の名前を決めます。商号には使える文字が決められています。日本文字、ローマ字（A～Zの大文字、小文字）、アラビア数字（0123456789）、次の符号「＆」「'」「,」「-」「.」「・」です。ローマ字を使って複数の単語を表記する場合にかぎり、単語の間を区切るために空白を使えます。

≪❷ 本店所在地（第1章10参照）

　自宅でも賃貸マンションでも、オフィスとして法人登記が認められているところであれば、どこでも可能です。本店所在地の変更には印紙代がかかるので、先を見据えて決めましょう。

≪❸ 設立日

　登記申請日が設立日になります。そのため、法務局が休みの日は設立日にできません。

≪❹ 公告の方法はどうする？

　株式会社は決算が終わったあとに公告をすることが義務づけられています。公告は「官報」か「日刊新聞紙」によることが一般的ですが、「電子公告制度」という自社のウェブサイト内に財務諸表などを載せて公開することも認められています。日刊新聞紙に載せる場合には、「東京都におい

て発行する○○新聞」など、発行地も記載します。

≪❺ 目的はどこまで入れる？（第1章11参照）

会社が行う事業の目的を決めます。一番上にメインとなる事業を書き、そのあとに行う可能性があるものを列記し、**最後に「前各号に附帯する一切の事業」と記載**します。

どの程度まで目的を書けばいいかは難しいところですが、許認可を必要とする事業を行おうと思っている場合には、必ずそれを入れておかなければなりません。また金融業や風俗業などを事業目的にする会社は、融資を受けることが難しい場合があるので、避けたほうが賢明です。このような事業を行う場合、銀行口座開設自体難しくなることがあります。

≪❻ 資本金の額はいくらにする？（第1章13参照）

会社を設立するときに出資する金額です。**最初の売上が入金されるまでの3カ月間を目安に、必要な経費を支払える金額プラスαを用意**します。

≪❼ 発行可能株式総数と株価はどのくらいにする？

最大何株まで発行できることにするかを考えます。1株あたりの単価は自由に決められるので、わかりやすく1株1万円、もしくは、昔は1株5万円だったことから、5万円に設定することが多いです。もし将来増資する場合、いくらくらいまで資本金を増やすか想定しておきます。おそらく見当がつかないと思うので、1,000万〜3,000万円くらいを目安にしましょう。

≪❽ 設立の際に発行する株数（発行済株式）の総数

❻で決めた今回出資する金額を、❼で決めた1株単価で割ったものです。

> 発行済株式数 ＝ 資本金の額 ÷ 1株の発行価格

≪❾ 株式には「譲渡制限」をつける

中小企業のほとんどは譲渡制限株式会社になっています。譲渡制限とは、**株式を売買するためには株主総会や取締役会の承認を得なければならない**というものです。大きな会社では不特定多数の株主がいても問題はありませんが、小規模な会社は株主が変わると経営に不都合なことが起こる可能性が高いので、それを防ぐことができます。

≪⑩ 役員・取締役会に関する事項

取締役とその代表取締役を決めます。**譲渡制限がついている株式会社の場合には、最低1名の取締役と同じ人が代表取締役になることができます**が、譲渡制限がついていない場合には取締役3名監査役1名（取締役会と監査役）が最低必要になります。

譲渡制限がついている場合には、取締役会や監査役を置く必要はないので、取締役はあなた1人でもかまいません。その場合、必然的にあなたが代表取締役になります。代表取締役の住所は登記事項なので、住所が公開されます。

≪⑪ 役員の決め方

役員とは、会社を運営する取締役のことです。ですから、経営の補佐をするような立場の人は役員になる必要はありません。**役員の給与は役員報酬と呼ばれ、年に1度しか金額を変えることができないなど、いろいろな税務上の制限がある**ので、役員にせず社員のままのほうが便利です。

≪⑫ 取締役会とは？

3名以上の取締役で構成され、多くの業務の決定権があります。中小企業では取締役会を設置しているところは少数です。**設立時に取締役会を設置する必要性はありません。**

● 取締役会設置と非設置会社の比較

	取締役会設置会社	取締役会非設置会社
取締役の人数	3名以上	1名でもよい
監査役の設置	必要、ただし非公開会社で会計参与を設置した場合は監査役を置かなくてもよい	任意
代表取締役の選定の要否	必要	任意（選定しない場合は取締役全員が代表取締役になる）
代表取締役を選定する機関	取締役会	定款、互選、株主総会
譲渡制限株式の譲渡の承認機関	取締役会または株主総会	株主総会
公開会社か否か	どちらでも可	非公開会社
株式の譲渡制限	公開会社の場合、少なくとも1株は譲渡制限のない株式を発行。非公開会社の場合、すべて譲渡制限	すべて譲渡制限

08 定款

定款にはどんなことを書くの？

会社の憲法である定款は、会社を設立する際に必ずつくらなくてはなりません。この定款は、最初につくったものを変更しながらずっと使い続けます。

定款の基礎知識

≪定款とは？

定款は会社の運営に関する規則を定めたもので、必ず作成します。発起人全員によって作成しなければならず、発起人の署名または記名捺印をして公証人の認証がなければ効力がありません。**定款の記載事項には、「絶対的記載事項」「相対的記載事項」「任意的記載事項」があります。**

絶対的記載事項（第1章07参照）

❶ 目的　❷ 商号
❸ 本店所在地
❹ 設立に際して出資される金額
❺ 発起人の氏名、住所
❻ 発行可能株式総数

絶対的記載事項だけを定めれば公証人の認証を受けることも可能ですが、実際にはそれでは不十分です。また登記するためには絶対的記載事項だけでは登記事項のすべてを満たさないため、登記ができません。次の内容についても定款に記載しておくようにします。

相対的記載事項の例

≪❶ 取締役会、監査役などの機関設計
取締役会を設置しないこともできます。

≪❷ 株式譲渡承認機関
取締役会がない場合は株主総会、取締役会がある場合は取締役会か株主総会のいずれかになります。

≪❸ 取締役の任期
通常は2年ですが、株式譲渡制限会社では10年まで延ばすことができます。任期が長ければ登記の手間と費用が減らせるので、**1人社長であれば最長の10年にします**。

任意的記載事項の例

≪❶ 定時株主総会の招集について
招集の時期や招集通知を決めます。

≪❷ 議長
通常は社長が議長になると定めています。定めがない場合には、株主総会で議長を選任します。

≪❸ 営業年度
最初の年は設立の日から営業年度がスタートします。最終日は決算日です。

≪❹ 取締役、監査役の員数
取締役会がなければ取締役1名のみで監査役の設置も不要です。

≪❺ 公告の方法
自社のウェブサイトや日刊新聞紙への掲載が必要です(第1章07参照)。

中小企業の定款の内容は、ほとんどどこも変わりません。登記に必要な内容をきちんと決めれば、あとはひな形どおりで大丈夫です。

● 定款 例

株式会社ソーテックス定款
第1章　総　則

(商号)
第1条　当会社は、株式会社ソーテックスと称する。
(目的)
第2条　当会社は、次の事業を営むことを目的とする。
　　　　1. 食品の企画、製造、販売業
　　　　2. 販売促進支援事業
　　　　3. 前各号に附帯する一切の事業

→ ここが1番重要です

(本店の所在地)
第3条　当会社の本店は、東京都千代田区に置く。
(公告の方法)
第4条　当会社の公告は、官報に掲載してする。

第2章　株　式

(発行可能株式総数)
第5条　当会社の発行する株式の総数は1,000株とする。
(株券)
第6条　当会社は、株券を発行しないものとする。
(株式の譲渡制限)
第7条　当会社の株式を譲渡するには、株主総会の承認を受けなければならない。

→ 譲渡制限つきにします

(基準日)
第8条　当会社においては毎事業年度末日の最終株主名簿に記載された議決権を有する株主（以下、「基準日株主」という。）をもって、その事業年度に関する定時株式総会において権利行使すべき株主とする。ただし、当該基準日株主の権利を害しない場合には、当会社は、基準日後に、募集株式の発行、合併、株式交換または吸収分割等により株式を取得した者の全部または一部を、当該定時株主総会において権利を行使することができる株主と定めることができる。

（…）者として権利を行使すべき者を確保（…）取締役会の決議により、臨時に基準（…）合には、その日を2週間前までに公（…）
（…）質権者またはその法定代理人若しく（…）式により、その氏名、住所及び印鑑（…）らない。
（…）における、その事項についても同様（…）

第3章　株主総会

(招集)
第10条　当会社の定時株主総会は、事業年度末日の翌日から3カ月以内に招集し、臨時総会は、その必要がある場合に随時これを招集する。
　　2　株主総会を招集するには、会日より1週間前までに、株主に対して招集通知を発するものとする。
(議長)
第11条　株主総会の議長は、社長がこれにあたる。
(決議)
第12条　株主総会の決議は、法令または定款に別段の定めある場合のほか、出席した議決権ある株主の議決権の過半数をもって決する。
　　2　会社法第309条第2項に定める決議は、議決権を行使することができる株主の議決権の3分の1以上を有する株主が出席し、出席した当該株主の議決権の3分の2以上に当たる多数をもって行う。
(議決権の代理行使)
第13条　株主またはその法定代理人は、当会社の議決権を有する株主または親族を代理人として、議決権を行使することができる。ただし、この場合には、総会ごとに代理権を証する書面を提出しなければならない。

→ このあたりは、ひな形どおりでもかまいません

（次頁に続く）　37

第4章　取締役及び代表取締役

(取締役の員数)
第14条　当会社の取締役は5名以内とする。

(取締役の選任)
第15条　当会社の取締役は、株主総会において総株主の議決権総数の3分の1以上の議決権を有する株主が出席し、その議決権の過半数の決議によって選任する。

(取締役の任期)
第16条　取締役の任期はその選任後10年以内に終了する事業年度のうち最終のものに関する定時総会の終結の時までとする。
2　補欠または増員により選任された取締役は、他の取締役の任期の残存期間と同一とする。

> 10年にしておけば、登記の手間が省けます

(代表取締役)
第17条　当会社は、社長1名を、必要に応じて専務取締役及び常務取締役各若干名を置き、取締役会の決議により、取締役会の中から選定する。
2　社長は当会社を代表する。
3　社長のほか、取締役会の決議により、当会社を代表する取締役を定めることができる。

(業務執行)
第18条　社長は、当会社の業務を統轄し、専務取締役または常務取締役は、社長を補佐してその業務を分掌する。
2　社長に事故があるときは、あらかじめ取締役会の定める順序に従い、他の取締役が社長の職務を代行する。

(報酬及び退職慰労金)
第19条　取締役の報酬及び退職慰労金はそれぞれ株主総会の決議をもって定める。

第5章　決　算

(事業年度)
第20条　当会社の事業年度は年1期とし、毎年1月1日から翌12月31日までとする。

> ここで決算日を決めます

における株主名簿に記載された株
の支払いの提供をしてから満3年
を経過したときは、当会社はその支払の義務を免れるものとする。

第6章　附　則

(設立に際して出資される財産の価額)
第23条　当会社の設立に際して出資される財産の最低額は金100万円とする。

> 設立時の資本金を記載します

(最初の事業年度)
第24条　当会社の第1期の事業年度は、当会社成立の日から平成○○年○月○日までとする。

(発起人)
第25条　発起人の氏名、住所及び発起人が設立に際して引き受けた株式数は次のとおりである。

東京都千代田区飯田橋○丁目○番○号
夏目　太一
普通株式　20株

以上、株式会社ソーテックス設立のため、この定款を作成し、発起人は次に記名押印する。

令和○○年○月○日

発起人　夏目　太一

09 登記事項証明書・登記簿謄本・登記簿抄本

登記事項証明書（登記簿謄本）には何が書いてある？

会社を設立すると、銀行口座開設時をはじめ、「登記事項証明書」が必要なことがあります。登記事項証明書には、法務局に登記されている内容が書かれていますが、そもそも登記事項証明書とはどんなものなのでしょうか。

登記事項証明書の基礎知識

≪登記簿謄本とは？

登記簿謄本は、正式には「登記事項証明書」と呼び、会社名、住所地、資本金、役員、代表取締役の氏名や住所など、法務局に登記した内容を印刷した証明書です。以前は「商業登記簿」が法務局にあったので、それをコピーしたものを「登記簿謄本」と呼んでいましたが、今では磁気ディスクに記録されているため、**呼び方が変わり「登記事項証明書」となりました。**

≪登記事項証明書の種類

通常、登記簿謄本と呼ばれているのは、「**登記事項証明書 ＝ 全部事項証明書**」のことです。実際に法務局に行ってみると、全部事項証明書には次の3種類があります。

❶ 履歴事項証明書	閉鎖※されていない登記事項の証明書だが、証明書の請求日の3年前の日の属する年の1月1日以降についても記載されている	
❷ 現在事項証明書	現在効力がある登記事項の証明書。通常はこれを取得する	
❸ 閉鎖事項証明書	閉鎖された登記事項の証明書。証明書の請求日の3年前の属する年の1月1日より前に抹消された事項について記載されている	

※ 今はすでにない会社のことです。登記が「閉鎖」される理由としては、会社が解散してすでにない場合や、本店移転をして管轄の法務局が変わっている場合があります。

登記簿謄本と登記簿抄本の違い

　登記簿謄本は「全部事項証明書」＝ 登記事項証明書ですが、登記簿抄本は「一部事項証明書」のことです。抄本は謄本と同じく履歴事項証明書、現在事項証明書、閉鎖事項証明書の3種類がありますが、必要な部分についてのみ記載されています。

登記事項証明書の記載事項

≪登記事項証明書に記載されている内容

次の内容が記載されています。

商号	会社の名称
本店所在地	本店の住所
公告の方法	その会社が選択した公告方法
会社成立の年月日	最初に登記をした年月日
目的	会社の目的が複数書かれている。現在行っていなくても、今後可能性がある事業も記載されている
発行可能株式総数	その会社が決めた発行可能な株式の数。株式会社のみ
資本金の額	現在の資本金の額
株式の譲渡制限に関する規定	譲渡制限をつけた場合には、その旨の記載がある
役員の名前	取締役（合同会社の社員）の氏名と就任、登記年月日
代表取締役の氏名・住所	代表者のみ住所が記載される

登記内容に変更があったとき

≪登記している内容に変更があった場合

　登記の変更をします。変更の可能性が高いのは「本店移転」や「役員に関する事項」です。会社の本店だけでなく代表取締役が引っ越しをした場合には、再度、登記をしなければなりません。

また、1人会社の役員の任期は10年間になっていることがほとんどですが、10年経ったら任期切れになってしまうので、再度登記しなければなりません。

≪登記内容が変更になった場合の登記事項証明書

　変更された事項だけでなく、変更前の事項も記載されています。たとえば代表取締役の住所が変更になった場合、新しい住所と変更前の古い住所の両方が載っています。この場合、変更前の古い事項については下線が引かれています。

登記事項証明書の取得方法

≪❶ 窓口で取得
　管轄の法務局の窓口に直接出向いて取得します。

≪❷ 郵送で請求する
　管轄の法務局に封書で申請書、印紙、切手を貼った返信用封筒を送付して、郵送で取得することもできます。

≪❸ オンラインで請求する
　インターネットでオンライン申請（**登記・供託オンライン申請システム**）することもできます。最初に申請者情報の登録を行い、ネットバンキングや電子納付対応のATMで手数料を支払います。**受け取りは指定した法務局の窓口に直接出向いて受け取る方法と郵送のいずれかを選択**できます。

---

column

旧姓の併記

　2015年2月27日より役員の氏名に旧姓が併記できるようになりました。今までは、戸籍名の登記しか認められておらず、結婚などで役員の姓が変わったときには、「氏の変更登記」を行わなければなりませんでした。また旧姓を使用して仕事をしている場合には、登記簿謄本の記載事項と同一人物なのかわかりにくかったのが解消されました。

● **履歴事項全部証明書 例**

履歴事項全部証明書

東京都千代田区飯田橋○-○-○
株式会社ソーテックス
会社法人等番号　0000-00-000000

商号	株式会社ソーテックス
本店	東京都千代田区飯田橋○-○-○
公告をする方法	官報に掲載する方法により行う。
会社設立の年月日	令和○○年○○月○○日
目的	1. 食品の企画、製造、販売業 2. 販売促進支援事業 3. 前各号に附帯する一切の事業
発行可能株式総数	1,000株
発行済株式の総数並びに種類及び数	発行済株式の総数 100株
資本金の額	金100万円
株式の譲渡制限に関する規定	当会社の株式の譲渡による取得については、代表取締役の承認を受けなければならない。
役員に関する事項	取締役　夏目　太一 東京都千代田区飯田橋○-○-○ 代表取締役　夏目　太一
登記記録に関する事項	設立　　　　　令和○○年○○月○○日登記

公告はほかの方法でもよい

現在は100株だが1,000株まで増やせる

譲渡制限をつけるのが一般的

代表取締役のみ自宅住所が載る

　これは登記簿に記録されている閉鎖されていない事項の全部であることを証明した書面である。

　　　　令和○○年○月○日
　　　東京法務局
　　　登記官　　　　　　　　　　○　○　○　○

整理番号　ア○○○○○○　　＊下線のあるものは抹消事項であることを示す。

10 登記・本店・バーチャルオフィス
本店はどこにするか？
バーチャルオフィスに要注意！

　会社の本店は登記しなければならないので、移転するときには登記を変更するためのお金がかかります。

「本店」と「本店所在地」の基礎知識

≪本店とは？≫
　登記上の会社の本拠地であり、必ず1つでなければなりません。いわゆる「本社」とは、必ずしも一致している必要はありません。

≪本店所在地とは？≫
　所在地とは「○○県○○市」までのことをいいます。定款に規定するのは所在地までで大丈夫なので、「東京都千代田区」などと記載しておきます。定款にすべての住所を記載することも可能ですが、その場合、本店を同じ市内や区内に引っ越しても定款変更の手続きが必要になってしまいます。定款変更には株主総会の決議が必要となり余計な手間がかかるので、**所在地までの記載にしておきます**。

本店所在地を決める際の注意点

≪許認可を必要とする事業を行う場合の注意事項≫
　その事務所の要件を事前に確認しておく必要があります。許認可の種類によっては、事務所の使用面積に規定があったり根本的な設計に要件があったりすることがあります。事務所を借りる前に確認しておかないと、あとで本店を移転したり事務所を借り直すなど、余計な費用と手間がか

かってしまいます。

≪自宅を事務所にする場合の注意事項

　本店所在地を自宅にすることも考えられますが、賃貸物件の場合には、事前に大家さんや管理組合（マンションの場合）に、**登記をしても大丈夫なのか確認する**必要があります。「賃貸借契約書」や「管理規約」などに記載されている場合もあるので確認しておきましょう。登記自体を認めていない物件や、登記はできるけれど営業の拠点としての使用を禁止していたり、事業内容によってはダメな場合といったこともあります。

≪バーチャルオフィスにする場合の注意事項

　バーチャルオフィスを使って起業する人もたくさんいますが、登記ができる物件とできない物件があります。また登記が可能な物件であっても、**バーチャルオフィスを本店とする法人だと、金融機関の口座開設が認められないケースが多くあります。**もしバーチャルオフィスで本店の登記をして金融機関の口座開設ができなかった場合には、本店移転をしなければならなくなるので、バーチャルオフィスを借りる場合には、事前に金融機関に確認してからにします。

本店所在地の決め方

≪❶ 賃貸事務所を借りたほうがいいケース

　設立時から従業員を雇ったり人の出入りが多いなら、事務所を借りたほうがいいでしょう。事業用物件は賃料が高いので、事務所利用可のマンションなどがお勧めです。

≪❷ 自宅を本店登記したほうがいいケース

　自分だけ、もしくは家族で会社を立ち上げるなら、自宅を本店として登記すれば賃料がかからないので、設立当初の費用を抑えることができます。

≪❸ 自宅を本店登記し、事務所を別に用意したほうがいいケース

　登記上の住所だけを自宅にして、実際には別の事務所を借りることも可能です。この場合、将来事務所を移転しても本店所在地の移転登記をする必要はありません。

11 登記・事業目的

設立時に決める事業目的の決め方

会社を設立するときに決める事業目的は、あまり細かく決める必要はありません。ただし許認可が必要な事業を行う場合には、必ずそれを含めなければなりません。

事業目的の決め方

≪❶ 事業目的はザクッと決めておく

会社が営業しようとする事業の範囲のことで、**厳密にいえばこの事業目的の範囲内でのみ営業が可能**です。ただし、事業目的の最後には必ず「**前各号に附帯するまたは関連する一切の事業**」という文言を入れておけばいいので、あまり細かく規定しなくても事業を行うことができます。

≪❷ 法律違反は絶対にダメ

事業の目的は法令や公序良俗に反したものは認められません。また弁護士や税理士など、「士」のつく独占業務とされている事業も、事業目的にすることはできません。

≪❸ 営利性を追求する

株式会社は営利を追求することを目的としなければなりません。そのため利益をまったくあげられない事業、たとえば寄付行為のみだけを会社の目的とすることはできません。

≪❹ 一般的に広く使われている語句で明確なもの

目的は一般的に広く認知されている語句を使わなければなりません。新しい言葉などを目的に含めたい場合には、「広辞苑」や「現代用語の基礎知識」などに記載があるか確認をしてください。もし見当たらない場合に

は、法務局に赴いて事業目的の事前確認を受けておきましょう。確認せずに登記申請をして、その事業目的が否定された場合には、定款の修正が必要となり再度手数料がかかってしまいます。

≪❺ 許認可が必要な事業の場合

　許認可を受けるためには、特定の文言を事業目的に含めていなければならない場合があります。もし記載せずに登記をしてしまうと、再度定款変更と登記の手続きをしなければなりません。

　許認可を受けたい事業の管轄の役所のホームページを検索すると、そこに要件が記載されていたり、手引きがダウンロードできるようになっていたりすることが多いです。もし、ホームページに記載が見当たらない場合には、直接電話して手引きを取り寄せましょう。たとえば建設業の許認可であれば、各都道府県庁の建設業課などが窓口になります。

どこまで記載しておくか

≪将来やろうとしている事業について

　今すぐ開始する事業でなくても、いずれはやろうとしている事業があるなら含めておきます。あとから目的の追加や変更をする際には、定款変更の手続きと登記をしなければならないので、登録免許税が3万円かかってしまいます。

≪だからといって何でもかんでも書いておくのはやめる

　あとで追加変更をすると費用がかかるので、最初にいろいろなことを含めておけばいいと思いがちですが、**これから開始する事業とあまりにもかけ離れた目的は含めないほうがいい**です。

　また風俗関係なども、すぐに必要性がないのであれば避けたほうが賢明です。会社を設立してすぐの場合、銀行口座の開設をしたり、新規取引の申し込みのときに登記簿謄本の提示を求められることがよくあります。登記簿謄本に風俗系の記載があると、金融機関の口座開設が難しくなったり、新規取引先の心証もあまりよくなかったりします。

　また、今はじめようとしている事業とあまりにも関係がないものが目的に入っていると、取引先に「本気でこの事業をする気があるのだろうか？」と思われてしまうこともあります。

12 登記・決算期・事業年度

決算期の決め方

法人の決算期は好きな月に決めることができます。ほとんどの会社は設立したときから1年後にしていますが、繁忙期を避けるなど、業種や自社の都合によって時期を変更することもできます。

決算期の基礎知識

≪決算期とは？

会社は1年以内の期間であれば、何月から何月までを事業年度とするかを自由に決めることができます。事業年度は「4月1日から3月31日まで」「1月1日から12月31日まで」といったように決めます。この3月や12月といった**「最後の月」を決算期または決算月といいます**。

≪決算期はいつでもいい？

中小企業の場合、特に3月決算や12月決算にこだわる必要はありません。**事業の内容によっては年間のうちの特定の月がとても忙しかったり、在庫がとても多い月があったりすることがあるので、そういう場合には、その時期を避けて決算期を決める**ようにします。

決算期を決めるポイント

≪❶ 消費税の免税期間を最大限にするにはどうする？

会社の設立時の資本金が1,000万円未満の株式会社は、原則として設立してから2期目までの消費税の納付が免除されます（第1章13参照）。この免税期間をなるべく長くするためには、設立登記の日からできるだけ

離れた月を決算期にします。

　たとえば6月10日に設立した法人であれば、5月を決算期にすれば1年目は6月10日〜5月31日まで、2年目は6月1日〜5月31日までの24カ月が免税期間になります。もしこの法人が7月を決算月とした場合には、1年目は6月10日〜7月31日まで、2年目は8月1日〜7月31日までの14カ月が免税期間となり、10カ月も損をしてしまいます。

≪❷ 繁忙期を避ける

　1年のうち、特定の月が特に忙しいような事業の場合は、この月を決算期にするのは避けるようにします。繁忙期が決算月だと利益の予測が立てにくく、予想外に利益が増えて納税額が増えたり、その逆もあり得ます。その場合には、事前に節税対策を練る暇もありませんし、利益の回復を図る余裕もありません。また、繁忙期に在庫チェックや書類整理などの事務作業をする時間を取るのも難しいでしょう。

　税金の申告は、決算月から2カ月後が期限となっているので、**決算月から2カ月間は繁忙期とかぶらないようにします。**

≪❸ 資金繰りから考える

　会社は決算月から2カ月以内に法人税や地方税、消費税を納付しなければなりません。赤字であっても法人地方税の均等割は避けられないですし、消費税の課税業者となった場合には、損益と関係なく消費税の支払いがある可能性もあります。

　また決算報酬として月々の顧問料とは別に、税理士に顧問料の数カ月分の決算報酬を支払う可能性があります。そのような状況を考えると、**資金に余裕がある時期に納税できるような決算月にすることも重要**です。決算以外に大きな支払いがあるのは、一般的に労働保険料の支払いがある7月（分割納付の場合は、7月、10月、1月）、半年分の源泉所得税の支払いがある7月と1月、それに賞与支給がある場合には賞与支給月です。

> ほとんどの場合は、消費税の免税期間が最大になるように決めます。

13 登記・資本金

資本金の決め方

　資本金だって大切な会社の運転資金です。資本金の額が多ければ、その分だけ運転資金に余裕ができます。法人は1円から設立できますが、1円で会社は回らないので、資本金はある程度必要になります。いったいいくらぐらいが適切なのでしょうか？

資本金は定期預金じゃない

≪資本金は、最初の運転資金

　法人を設立するときは、発起人がお金を出資し、それが設立時の資本金になります。たとえば300万円出資したら、その会社の資本金は300万円になります。その**資本金は預金（現金）になり、運転資金として使うことができます。**

　この300万円は金庫にでもしまっておいて、使ってはいけないお金だと思っている人がいますが、この300万円こそ、いわば最初の運転資金です。売上をあげるために商品を仕入れたり、事務所の備品を買ったりするのに使っていいお金です。まずその前に、会社を立ち上げるために設立登記をするので、その登記費用に使います。

資本金の額の考え方

≪資本金はいくら必要か

　「**最初の売上が入るまでに必要な金額**」を資本金とします。設立登記のための費用で20〜30万円は必要ですし、事務所備品の購入費用、名刺や

ホームページの作成代金、商品の仕入代金、営業活動として会食や通信交通費などが思った以上にかかります。

≪許認可を受ける場合は要確認

　許認可を必要とする事業を開始する場合には、**「最低資本金」が設定されている場合があります。**会社を設立する時点ですでにそのような事業を行うと決めている場合には、事前に確認して許可要件を満たす金額にしなければなりません。

≪体裁を考える

　資本金の額は会社の規模や体力を表します。はじめて取引を申し込む際に、あまりに少額の資本金だと対外的なイメージもよくないので、やはりある程度の金額の資本金は必要です。

≪税金を節税する

　資本金が多ければ多いほど、資金繰りも楽になり、相手の印象もよくなります。ただし資本金を1,000万円以上にすると、最初の年から消費税の課税業者となります。また**資本金が1,000万円以下で従業員が50名以下の場合には、法人住民税の均等割が一番安くなります**が（東京都の場合：7万円）、1,000万円を超えるとその金額が上がってしまうので、**起業の段階では1,000万円未満にしておくのがお勧めです。**

資本金額によって異なる税務上の取り扱い

≪消費税の納税義務

　資本金が1,000万円未満の法人は、最初の2期の消費税が免税になります。ただし、1期目の半期の売上高または給与の支払額が1,000万円を超えると、2期目は消費税の課税業者になります。それでも資本金が1,000万円未満であれば確実に1期目の消費税は免税です。

≪法人住民税の均等割

　法人の場合、赤字であっても法人住民税を払わなければなりません。地方自治体によって異なりますが、東京23区では資本金1,000万円以下で従業員数が50名以下なら年間7万円です。これが、資本金が1,000万円超1億円以下になると、従業員数が同じであっても年間18万円になります。

資本金の額の決め方

≪❶ まず事業を開始する際にいくらかかるのか

　まず、**設立登記の費用が25万円程度かかります。**会社設立後も、事業を開始するまでにはいろいろな経費がかかります。たとえば、事務所の敷金、礼金、仲介手数料、家賃など事務所設置にかかる費用、事務所に置く机やイス、パソコンなどの備品代金、商品の仕入代金、名刺やホームページの作成費用などがあります。

● 設立時に必要となる経費例

事務所設置費用	● 敷金・保証金　● 礼金　　● 仲介手数料 ● 保険料　　　　● 事務所備品購入
事務所固定費	● 家賃　● 管理費　● 光熱費　● 通信費
インターネット関連	● ホームページ作成費用　● ドメイン取得費用 ● サーバー費用
営業ツール	● 名刺作成　● 封筒作成　● 交通費　● 挨拶状作成

≪❷ 売上が入金されなくても固定費は出ていく

　事業を開始してすぐに売上金が入金されることはまれです。通常は数カ月間無収入となることがほとんどです。その間にも、家賃、光熱費、通信費、交通費などはかかります。さらに従業員を雇っていれば、給与の支払いも発生します。こういった**固定費を3カ月分見ておくことが大切**です。

≪❸ いくらあれば安心か

　上記の費用を考えると、❶と❷の必要資金の3カ月分を資本金として準備しておくと安心です。中小企業の設立時の資本金は、100万～300万円ぐらいを目安にしましょう。

> 資本金の額 ＝（設立登記費用 ＋ 設立時費用）＋ 3カ月分の固定費

14 登記・資本金・出資者・株主

資本金は誰が出すのか？

家族や友人にも出資してもらい資本金を大きくする方法もありますが、自分ひとりで出資したほうがいい場合もあります。

会社は誰のものか？

≪会社は社長のものではありません
会社を経営しているのは社長（代表取締役）や役員（取締役）ですが、会社は役員のものではありません。もちろん従業員のものでもありません。社長を含む役員を選任しているのは株主の集まりである株主総会ですから、**会社は株主のもの**です。

≪自分が株主で社長の場合
この場合は「**株主 ＝ 役員（取締役）＝ 社長（代表取締役）**」なので、すべて社長が自由にできます。

≪第三者に出資してもらう場合
この場合は出資の割合によります。株主たちは原則として1株について1議決権を持っています。ですから、**お金をたくさん出資している株主はその分だけ多くの議決権を持っていることになるので、会社を自由に動かすことができる**のです。

第三者に出資してもらう場合の注意点

≪議決権を考える
たとえば取締役を選ぶときには、株主総会で過半数の賛成が必要なので、

自分が安心して事業を行うためには50%を超える出資をしなくてはなりません。そうしないと、自分の会社なのにいつ解任されるかわからないという不安定な状態となってしまいます。また重要事項を決めるためには、3分の2を超える議決権を持っておく必要があるので、**最終的には67％以上の出資をする**ようにします。

≪全額出資ではなく一部を貸付にしてもらう

自分が自由に会社をコントロールするためには、3分の2を超える議決権を自分が持つ必要があるので、第三者には3分の1までの額を出資してもらい、それ以外にいくらか**会社に融資をしてもらうのも1つの方法**です。

家族に出資してもらう

≪家族なら問題はないのか

家族関係が良好ならさして問題はありませんが、将来、家族関係に異変が起こる可能性は完全には否定できません。やはり第三者と同じように考えておいたほうが安心です。

≪相続が起こった場合

出資してもらった家族が亡くなった場合、その家族が持っていた株式は相続財産になります。会社設立時の出資額が50万円だったとしても、あなたの会社が順調に伸びて大きな利益を出すようになっていたら、その株価はすでに50万円ではなく、その株価によっては相続税が発生してしまうかもしれません。

≪株の買い取りを依頼された場合

何らかの事情により、株を買い取ってくれと言われることがあります。相続のときと同じで、出資時の金額より高くなっている可能性があるので、家族だからといって安易に出資してもらうのではなく、よく検討します。

自分が100％出資するのが安心

≪家族も第三者も借入れにする

今までお話ししたように、自分が役員で自由に会社を動かしたいと思う

のであれば、100％自分が株主となり出資するのが安心です。ただし、それだけの金額を集めるのが難しいのであれば、**家族や第三者にきちんと借用書を書いて借入れをしたほうが、出資をしてもらうより安全**です。

≪創業融資、補助金を検討する

日本政策金融公庫や地方公共団体からの**創業融資や補助金、助成金を検討して、自分で100％出資するのが安全な会社経営の第一歩**となります（第1章15参照）。

決議内容による議決権の必要数

≪❶ 普通決議

出席した株主の議決権の過半数をもって表決します。要は**議決権の過半数が出席すれば株主総会は成立し、出席者の過半数が賛成すればその事項について決定される**ということです。普通決議を要する事項には次のようなものがあります。

- 役員の選任・解任や報酬の決定
- 配当金の決定
- 決算報告の承認

≪❷ 特別決議

出席した株主の議決権の3分の2以上で表決します。特別事項を要する事項には次のようなものがあります。要は**議決権の過半数が出席すれば株主総会は成立し、出席者の3分の2以上が賛成すればその事項について決定される**ということです。

- 資本金の減少
- 定款の変更
- 事業の譲渡や譲受の決定
- 解散など

≪❸ 特殊決議

決議内容によって表決数が変わります。特殊決議を要する事項には次のようなものがあります。

- 全部の株式を譲渡制限とする定款の変更など

15 登記・資本金・出資者・資金調達

資金を調達する方法

　会社をつくるときに、自分の預貯金だけでは足りない場合、どうやって資金調達したらいいのでしょうか。

創業時の借入先の選択肢は3つ

≪❶ 日本政策金融公庫の「新創業融資制度」

　民間の金融機関の場合、実績がない新しい法人にはなかなか融資をしてくれませんが、日本政策金融公庫は積極的に支援を行っています。特に、新たに事業をはじめる人や事業を開始して間もない人が利用できる「**新創業融資制度**」という融資制度がお勧めです。この制度は無担保、無保証人で利用でき、最大3,000万円まで融資が受けられます。利用できるのは次の人です。そのほか、女性や若者、シニア起業家への支援制度もあるので、**借入れを検討するときには日本政策金融公庫を確認**しておきましょう。

> **1. 利用できる方**
> 次のすべての要件に該当する方
> ● 対象者の要件
> 新たに事業を始める方または事業開始後税務申告を2期終えていない方
> ● 自己資金の要件
> 新たに事業を始める方、または事業開始後税務申告を1期終えていない方は、創業時において創業資金総額の10分の1以上の自己資金（事業に使用される予定の資金をいいます。）を確認できる方
> ただし、所定の要件（https://www.jfc.go.jp/n/finance/search/04_

shinsogyo_m.html）に該当する場合は、本要件を満たすものとします

2. 資金の使い道
- 新たに事業を始めるため、または事業開始後に必要とする設備資金および運転資金

3. 融資限度額
- 3,000万円（うち運転資金1,500万円）

4. 保証人
- 原則不要

≪❷ 信用保証協会の「制度融資」（第1章17参照）

「信用保証協会」という公的機関に保証人になってもらい、民間の金融機関から融資を受ける制度です。万一、返済が不可能となった場合には信用保証協会が金融機関に返済し、債務者は信用保証協会に借入金を返済します。地域ごとに創業者向けの融資制度があるので、各地方公共団体のホームページを確認しましょう。

≪❸ 家族や知人友人からの借入れ

相手との関係にもよるので、いいとも悪いとも言い難いのですが、誰から借入れするにしても、**必ず借用書（金銭消費貸借契約書）を作成し、利息や返済方法について記載する**ようにします。あるとき払いの返済方法だと贈与とみなされて、課税される可能性があります。また返済は必ず記録が残るよう通帳などへの振込が大切です。

結論 制度融資から検討する

この3つの中で、ある程度まとまった額を借りるなら、**まずは信用保証協会の「制度融資」にあたってみます**。並行して日本政策金融公庫も検討しましょう。いずれも創業時は借入れしやすくサポートもしっかりしているので安心です。ただ、どこで借りるにしても、必ず元本の返済＋利息を支払わなくてはなりません。**資金を借りる以上、きちんと返せる事業計画を練ることが大切**です（第1章18参照）。

16 資金調達・運転資金・借入金・信用保証協会・日本政策金融公庫

借入れをするときの注意点

融資を受けようと思っても必ず受けられるとはかぎりません。融資を受けるための流れや注意点を確認しておきましょう。

融資を受けるまでの流れ

≪❶ 申請書類の作成

融資の申し込みをするために、事業計画書や資金繰り表を作成します。

　事業計画書 事業をはじめたらどのくらいの売上があって、利益はどのくらい見込めるのかというあなたの事業の予定表です。

　資金繰り表 会社のお金の動きを表す書類です。売上があればお金が入り、仕入れをすればお金が出ていきますが、入金や支払いのサイトの違いによって、手元に残るお金が変わってきます。事業計画書は売上や利益の予定表ですが、お金の動きはわからないので、資金繰り表を作成して、この時点でいくらお金があるのかないのか把握できるようにします。

≪❷ 申し込みに行く

　日本政策金融公庫 会社の本店に一番近い支店に申し込みに行きます。

　信用保証協会 金融機関窓口と自治体窓口とがありますが、金融機関窓口の場合は本店から近い信用金庫へ申し込みます。信用金庫は地域の零細企業の支援を目的としているので、銀行よりも敷居が低いです。自治体窓口の場合は、自治体から紹介状をもらって指定された金融機関に申し込みをします。

≪❸ 審査面談を受ける

　面談には、原則として社長ひとりで出向きます。普段「お金のことは妻

に任せている」という人や、「すべて税理士に」という人も、借入れの面接は自分が行きます。お金を貸す側としては、当の本人が「お金のことはわからない」などと言っていたら不安に思ってしまいます。

　起業の目的や今までの経歴、事業内容などをしっかり語れるようにしておきましょう。事業計画書にすでに書いてある内容ですが、具体的に説明できるように準備しておきます。面談では社長の事業への熱意をどのくらいアピールできるかが大切です。また、**起業のための資金をまじめにコツコツ溜めたのか、税金などの滞納がないかなどの点から、社長の人柄もチェックされます。身だしなみに気をつけ、誠実に回答しましょう。**

≪❹ 現地調査を受ける

　すべての会社に現地調査があるとはかぎりませんが、会社の実態があるか、事業開始の準備がちゃんと進んでいるのかなどをチェックしに来ます。

融資を申し込む前に確認するポイント

≪会社の目的が融資を受けられるか確認する

　日本政策金融公庫、信用保証協会では、特定の業種への融資を受けつけてくれません。東京信用保証協会のサイトに載っている次の業種（http://www.cgc-tokyo.or.jp/pdf/cgc_taisyougai-list-h29.pdf）が会社の目的に入っている場合、融資は受けられないので、事前に確認しておきます。

- 農林漁業　● 遊興娯楽業のうち風俗関連営業　● 金融業
- 学校法人　● 宗教法人　● 非営利団体（NPOを含む）
- LLP（有限責任事業組合）　など
- そのほか信用保証協会が支援するのは難しいと判断した業態

≪金融機関が定めている条件を確認する

　自己資金の割合や開業からの年数など、それぞれ創業支援について条件があるので、それに合致するか確認します。

≪記入ミスや記載漏れに気をつける

　融資の申込書に記入ミスや記載漏れがあるとマイナス評価になるので、何度も書き方や書いてある内容を確認します。

借入れの注意点

≪設備投資の借入れ

　設備投資のための借入れは慎重に行います。過剰な設備投資のために借入金が増えると、当然ながらその分だけ将来の返済額が増えます。必要な設備投資は仕方ありませんが、売上に大きく貢献しないような設備投資は控えるべきです。

≪借入れ期間を長くしておく

　借入れをするときは、少しでも早く返したいと思って、なるべく短い返済期間にしてしまいがちですが、**返済期間はできるだけ長く取る**ようにします。事業をはじめてみると、予想外の支出や想定していた売上が見込めないなど、なかなか計画どおりに進まないことがあります。**ある程度事業が軌道に乗ってきて、その時点でお金が余っていたら繰り上げ返済する**ようにします。

≪最悪の場合も想定しておく

　失敗することを想定して起業する人はいませんが、借入れをする際には、特に最悪の場合のことも考えておきましょう。たとえば親族に借入金の保証人になってもらう場合、万一自分が返せないときにはその親族が代わりに返済することになります。親族が負担できる範囲内の金額について保証人をお願いするようにします。

融資は創業前と創業後のどちらが有利？

　いずれも起業のための資金の融資申し込みとなりますが、創業前の申し込みのほうが有利なことが多いです。創業前はまだ実績がないので、書類上の審査のみで融資が決まります。

　しかし創業後の場合、事業が順調に伸びていき、事業拡大のための融資であることが明らかであれば問題ありませんが、事業が思うように伸びずに資金を得たいという場合には、なかなか融資を受けるのが難しくなります。**もし自己資金に不安があるなら、創業前にいくらかの融資を受けておく**ということも検討しておきます。

17 資金調達・運転資金・借入金・信用保証協会

信用保証協会って何？

　融資を受けるときにまず検討するのが、「日本政策金融公庫」と「信用保証協会」です。日本政策金融公庫からの借入れは窓口が１つですが、信用保証協会の場合は金融機関や自治体と連動しています。

信用保証協会の基礎知識

≪信用保証協会とは？

　信用保証協会は「信用保証協会法」に基づく公的機関であり、**中小企業が金融機関から事業資金の融資を受けるときに、保証人となって借入れを容易にする支援をしています**。

≪信用保証制度のしくみ

　信用保証制度は「**中小企業**」「**金融機関**」「**信用保証協会**」の３者が当事者になります。

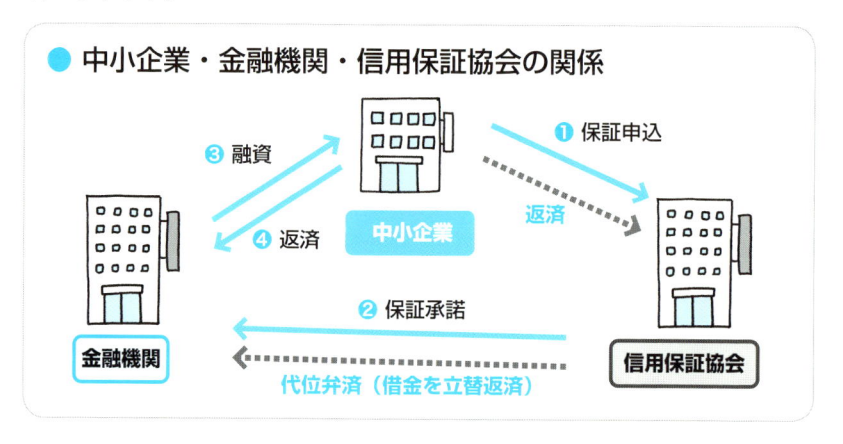

● 中小企業・金融機関・信用保証協会の関係

❶ 保証申込
❷ 保証承諾
❸ 融資
❹ 返済
代位弁済（借金を立替返済）

信用保証協会からの借入れ

≪信用保証協会利用での融資の流れ

次のようになります。

- ❶ 信用保証協会と金融機関に保証の申し込みをする
- ❷ 信用保証協会が事業内容や事業計画書などを審査し、保証の可否を金融機関に返答する
- ❸ 信用保証協会に保証が受諾されたら、「信用保証書」の交付を受けた金融機関からの融資が受けられる
- ❹ 返済条件に基づき、返済を開始する

≪返済ができなくなった場合

万が一、返済ができなくなった場合には、信用保証協会が借入金を金融機関に弁済します。その後、会社は信用保証協会に返済していきます。

信用保証料の基礎知識

≪信用保証料とは?

信用保証協会を利用する場合には、信用保証料がかかります。これは**借入金の利息や手数料とは別にかかる費用**です。これは保険料ではないので、もし金融機関に返済ができなくなったとしても、その返済が免除されるわけではなく、信用保証協会に返済をしなければならないのです。

≪信用保証料率

信用保証料の料率は、原則として9つの料率区分から適用されます。担保がある場合や、税理士が作成する書類の添付などにより保証料が割引となることもあります。おおむね0.4〜2%の範囲です。

信用保証料率については、税理士か信用保証協会に確認します。

≪早期返済時には信用保証料が返戻されることも

返済期限より前に保証付き融資が完済された場合には、信用保証料の一部が戻ってくることがあります。

利用できるのは中小企業

原則として中小企業が対象です。次のように、業種によって資本金や従業員数の要件に違いがあります。

● 利用できる企業規模

業　種	資本金	従業員数[1]
製造業など	3億円以下	300人以下
卸売業	1億円以下	100人以下
小売業[2]	5,000万円以下	50人以下
サービス業	5,000万円以下	100人以下
医療法人など	なし	300人以下
ゴム製品製造業	3億円以下	900人以下
ソフトウェア業・情報処理サービス業	3億円以下	300人以下
旅行業	3億円以下	300人以下
宿泊業（旅館業を除く）娯楽業	5,000万円以下	100人以下
旅館業	5,000万円以下	200人以下

※1 家族従業員、臨時の使用人、会社役員は従業員に含みません。ただし、パートタイマー、アルバイトなどの名目は臨時雇いであっても、事業の経営上不可欠な人員は従業員に含みます。
※2 小売業には飲食業を含みます。

≪利用できない業種に注意する

第1章16でお話ししたように、商工業のほとんどの業種で利用できますが、**農林・漁業、風俗関連営業、金融業、宗教法人、非営利団体、LLPなどは利用できません。**

≪許認可などは先に取得しておく

許認可や届出などを必要とする業種を営んでいる場合は、融資の申し込みよりも前に、許認可などを受けていることが必要です。

各自治体が、創業支援用に信用保証協会を使った有利な融資制度を設けているかもしれないのでチェックしてみましょう。

18 事業計画書のメリットとつくり方

資金調達・運転資金・借入金・信用保証協会・税理士・事業計画書

借入れの申し込み時に提出する事業計画書の内容次第で、融資が決まるといっても過言ではありません。事業計画書には自分の思いをしっかり乗せて周囲を納得させられるようにします。

借入れは、事業計画書にかかっている！

≪資金調達に必要

日本政策金融公庫や信用保証協会を利用して創業支援融資を受ける場合には、それぞれのサイトから所定のフォーマットをダウンロードできます。通常の借入れの申し込み時なら、直近の決算書や試算表の提出を求められ、最近の財務状況で融資が受けられるか決まりますが、**創業時にはそういった財務書類がないので、事業計画書が頼みの綱**となります。融資担当者が事業計画書を見て納得してくれれば、融資を受けられる可能性が高くなります。

≪経営目標を明らかにできる

事業をはじめるときには、将来どのようにしていきたいのかという目標があるはずです。**事業計画書をつくっておくとそれが明確になり、その目標を達成することが楽になります。**

≪目標が共有できる

自分ひとりでいろいろビジネスを考えていても、周りの人にはなかなか理解してもらえません。**数値や文章によって明らかにした事業計画書があれば、事業に関わる人たちに理解してもらいやすく、目標を共有することができます。**

事業計画書をつくるポイント

≪❶ 時間をかけない

　事業計画書は、長い時間をかけてつくるものではありません。**事業計画書の中で一番大切なのは、将来の利益の見込みとその算定が合理的に行われているかどうかです。** 起業時にはほかにもたくさんやることがあるので、必要なことを漏れなく記入して余計な時間をかけないことです。

≪❷ 利益予測の推定は合理的に

　借入れの申込みの際、**融資する金融機関が気にするのは、今後の利益予想**です。貸したお金が返ってくる見込みがなければ貸してはくれません。ただ、根拠のない夢物語だけで利益が出る書類をつくっても、つじつまがあわなくては意味がありません。計上されている数字の算定は相手が納得できる根拠があるもので、つじつまがあっていることが大切です。

≪❸ 事業計画書は見直して修正していく

　最初につくった事業計画書のとおりに事業が進むことは、そうそうありません。事業を進めていくうちに予想外の経費がかかったり、想定外のことをはじめることになるかもしれません。**最低でも年に１度、決算の時期には事業計画書を見直し、計画どおりにいかなかった理由や差異を分析し、事業計画書を修正していく**必要があります。

事業計画書の作成手順

≪❶ 全体の構想をまとめる

　どのような事業構想なのかをわかりやすくまとめます。具体的には、**会社名や代表者、所在地などの会社情報、経営理念、事業内容など、会社のホームページにある「会社概要」に近いもの**です。代表者の経歴や今の事業をはじめることになった動機なども書くと共感を得やすいでしょう。

≪❷ 具体的に事業内容をアピールできる説明を書く

　取扱商品や価格、ターゲットは誰なのかなど、営業戦略についての説明やその商品の独自性、ライバル商品と比較しての優位性など、**その商品が売れるという裏づけを最大限アピール**しましょう。販売に関する今後のス

ケジュールやその手段を記載するのも効果的です。

≪❸ 資金計画書を作成する

その事業への出資者や借入先、仕入先、売上見込み先など、事業にかかる費用のお金の出処や今後お金が入ってくる見込みについて記載します。

≪❹ 損益計算書 ⇒ 資金繰り表を作成する

その商品が売れたとしても利益が出なければ意味がありません。いくらの売上があり、その経費がいくらなのかの見込を書きます。

具体的には、次の手順で作成します。

> ❶ まず各商品や事業別の売上高、数量、粗利益などを、年ごと、月ごとに表にします。
> ❷ ❶でつくった表をもとに、販売管理費などを含めた月ごとの損益計算書を作成します。
> ❸ 開業当初に必要な設備や備品、初期投資となる費用なども含めたトータルの資金繰り表をつくります。ここには借入予定の金額も含めて記載します。

事業計画書の記載でのポイント

≪❶ なぜ売れるのか？　を明確に

金融機関の担当者はその商品やサービスを知りませんから、**その人が買いたくなるようなアピールをしましょう。**自分が買いたいと思わない（そそられない）商品に対して融資をする気にはなりません。その商品やサービスの強みをアピールしてください。

≪❷ 返せる見込みも大事

金融機関はお金を貸すわけですから、返してもらえないと困ってしまいます。❶で売れる根拠がわかっても、最終的に赤字になってしまって返済ができない事業にはお金を貸しません。**返済がきちんとできるだけの利益が出る根拠を明らかにしてください。**

具体的に売上の単価や数量、支払経費の内訳を設定して、売上、利益の見込額を計算しましょう。

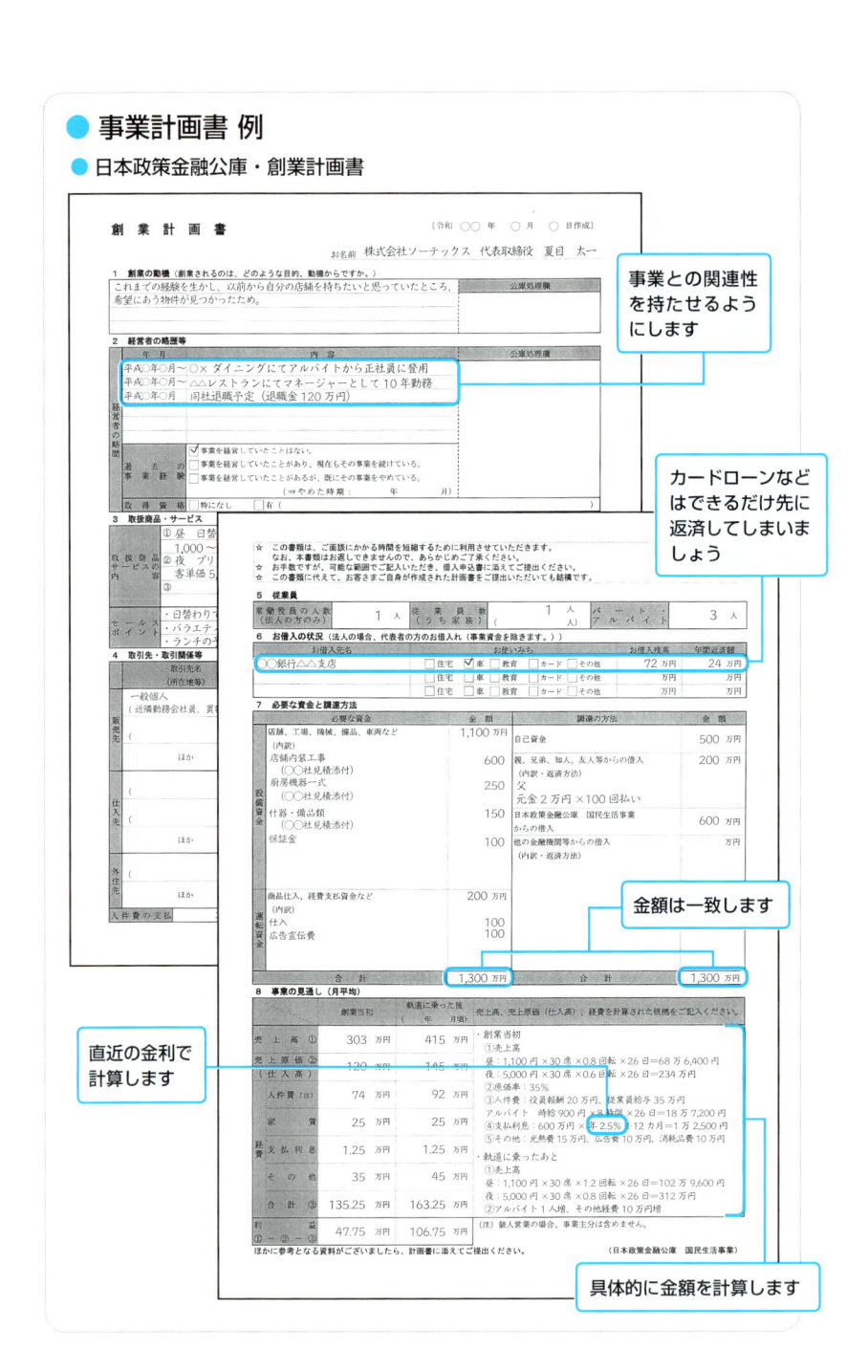

事業計画書 例

日本政策金融公庫・創業計画書

[創業計画書のサンプル画像]

注釈:
- 事業との関連性を持たせるようにします
- カードローンなどはできるだけ先に返済してしまいましょう
- 金額は一致します
- 直近の金利で計算します
- 具体的に金額を計算します

19 法人化・健康保険・厚生年金保険・介護保険

法人化したら、社長1人でも社会保険に入る

　株式会社などの法人にした場合、たとえ入りたくなくても社会保険に加入しなければなりません。法人化するときには、社会保険料の負担も考慮に入れて慎重に決めましょう。

社会保険の基礎知識

≪社会保険とは？≫

　広義では国が運営している保険全般を社会保険と呼びますが、ここでは狭義の意味での社会保険、「**健康保険**」「**介護保険**」「**厚生年金保険**」のことをいいます。ちなみに労災保険（第4章47参照）、雇用保険（第4章48参照）をまとめて労働保険といいます。

≪健康保険とは？≫

　病気やケガなどの際に、保険給付を行う医療保険のうち、サラリーマンなどが加入するものを健康保険といいます。健康保険には主に大企業の従業員が加入する「**組合管掌健康保険**」、そのほかの中小企業の従業員が加入する「**協会管掌健康保険（協会けんぽ）**」の2種類があります。

≪介護保険とは？≫

　介護が必要な高齢者とその家族を支援するために、さまざまな介護サービスを提供する保険です。**40歳以上の人は全員加入**しなければなりません。

≪厚生年金保険とは？≫

　サラリーマンなどが加入する公的年金を厚生年金保険といいます。日本の年金制度は全国民共通の国民年金がありますが、厚生年金はそれに上乗

せする形になっています。

保険料は会社が半額負担する

≪保険料率はどのくらい

　自営業者などが加入する国民健康保険や国民年金と違い、**健康保険と厚生年金保険は保険料の半額を会社が負担しなければなりません。**保険料は被保険者の給与（基本給、諸手当、通勤手当を含みます）をもとに決定されます。保険料の決定の方法については第5章70でお話ししますが、**保険料は給与のだいたい30％弱**と考えていいでしょう。この半分を従業員の給与から控除し、同額の会社負担分をあわせて毎月納付しなければなりません。たとえば月額30万円の給与の人の保険料は9万円近くになります。半額を従業員から控除するとはいえ、負担はかなり重くなります。

≪社会保険加入のメリット

　社会保険料の負担は確かに非常に重いのですが、社会保険料の会社負担分はすべて経費として損金算入することができます。また健康保険・厚生年金保険は、個人で加入する国民健康保険・国民年金よりもかなり手厚い保障を受けることができます。それに何といっても、社会保険に加入すると社会的な信用が生まれます。将来人を雇うことを考えると、社会保険に加入している会社のほうがいい人材が集まるはずです。

　ただし**社会保険は一度加入すると、保険料が払えないなどの理由で脱退することはできません。**加入する前に保険料を試算するなどして慎重に決めましょう。

> 従業員負担分の保険料をあわせた額が会社の口座から引き落としになります。毎月かなり大きな金額になるので、口座の残高に注意しましょう。

20 労災保険・健康保険・業務災害・特別加入

社長が仕事中にケガをしたら

社長や役員が仕事中にケガをした場合、健康保険を使うことはできません。また従業員ではないので労災保険も使えず、医療費は全額自己負担になってしまいます。

社長の労災保険の基礎知識

≪社長の社会保険と労働保険

会社が加入を義務づけられている保険のうち、健康保険、厚生年金保険は、会社にしたら、社長1人であっても加入しなければなりませんが、**労働保険は従業員がいなければ加入する義務はありません。**労働保険はその名のとおり労働者のための保険なので、**社長や役員には適用されない**からです。

≪社長が仕事中にケガをしたら？

労災保険は従業員が仕事中または通勤途中にケガをしたり、病気になったり、もしくは死亡した場合に、被災した従業員や遺族に対して保険給付を行います。

これに対して健康保険は、仕事以外のプライベートにおけるケガや病気などを補償する保険です。ですから仕事中にケガをしたら、病院で保険証を出しても使えません。ということは、**社長が仕事中にケガをしたら業務上のケガになるので、まず健康保険は使えない、労災保険も加入していないから使えない**という、まさに制度の谷間に落ちてしまうことになります。

社長の保険の考え方

≪従業員が５人未満の会社の社長の場合

　前記のように、社長が仕事中にケガをしたら、公的な保険給付を何も受けることができないのはあまりにも不合理だということで、当面の措置として例外的に健康保険の被保険者数が５人未満である事業所の代表者で、一般の従業員と同じような業務に従事している者については、健康保険による給付を受けることができるようになりました（ただし傷病手当金は受けられません）。

≪従業員が５人以上の事業所の代表者の場合

　原則どおり、労災保険からも健康保険からも給付を受けることができません。ですから、**労災保険に特別加入するか民間の損害保険に加入する**などして、リスクに備える必要があります。

≪小さな会社なら労災保険の「特別加入」で救われる

　小さな会社では、社長といえども労働者と一緒に同じ仕事をしなければなりません。**労働者を１人でも雇用している中小企業の事業主であれば、労災保険に任意に加入することができます（労災保険の特別加入制度）。**特別加入をするには、労働保険事務組合に労働保険の事務を委託するか、事務組合の会員になっている社会保険労務士を通じて手続きをします。

● 労災保険に特別加入できる中小企業

業　種	常時使用する労働者数
金融業、保険業、不動産業、小売業	50人以下
卸売業、サービス業	100人以下
上記以外の業種	300人以下

※ ただし労働者を１人以上雇用していることが条件で、社長１人の場合には加入できません。

● 労災保険・健康保険・国民健康保険の補償範囲の比較

	業務上	業務外
労災保険	○	×
健康保険	×	○
国民健康保険	○	○

第 2 章

会社を動かすために必要なこと

　会社を設立したら、さっそく営業を開始しましょう。

　売上をあげることはとても大切ですが、いくら売ってもお金の管理ができなくては会社は立ち行かなくなってしまいます。難しいことは税理士に任せるとしても、社長自身が会社のお金のことをまったく知らないというわけにはいきません。

　この章では、ひとり社長がひとりでできる経理やお金に関することを覚えましょう。

● この章の目標

❶ 会社を動かす前にしなければならない手続きを知る
❷ 日々のお金の管理のしかたを知る
❸ 経理のやり方、処理のしかたを知る

21 法人設立届出書・青色申告届出書・給与支払い事業所開設の届出書

まずは役所へ届出をしよう

あなたが会社を立ち上げたときには、税務署へいろいろな届出をしなければなりません。その中でも青色申告届出書は3カ月以内に提出しないとその年の青色申告を受けることができなくなり、税金が高くなってしまいます。

届出書類は大きく4つ

≪❶ 登記簿謄本

設立登記が完了したときに登記簿謄本を取得（コピー可）して、税務署と道府県税事務所、市役所（東京23区を除く）に提出します。

≪❷ 定款認証を受けた定款

設立時に定款認証を受けた認証済みの定款のコピーを、税務署と道府県税事務所、市役所（東京23区を除く）に提出します。

≪❸ 法人設立届出書

法人が設立したことを届け出る書類です。法人設立後、2カ月以内に税務署と道府県税事務所、市役所（東京23区を除く）に提出します。

≪❹ 最重要 青色申告届出書

法人設立後、3カ月以内に税務署に提出します。

給与の支払いがあるならあと2つ

≪❺ 給与支払事業所開設の届出書

給与の支払いがある場合に税務署に提出します。

≪❻ 源泉所得税の納期の特例の届出書

必要があれば所轄の税務署に提出します。**給与を支払う人数が常時9名以下の場合は、源泉所得税の納付を1月20日と7月10日の年に2回にすることができますが**、この届出書を出さないと毎月10日までに前月分の源泉所得税を納付しなければならず手間がかかるので、特例を受けられるのであれば提出しておきましょう。

「青色申告」と「白色申告」

≪青色申告を選択する

法人にも国税の申告には青色と白色があります。青色申告の届出書を提出しておくと、白色に比べていろいろな特典が受けられます。その代わり複式簿記による帳簿を作成しなければなりません。

青色申告のメリット

≪❶ 10年間の繰越欠損金

過去の赤字を10年間繰り越して黒字分と相殺することができます。

≪❷ 少額資産の一括償却

30万円未満の固定資産であれば購入した年に全額経費にすることができます。ただし年間300万円が上限です。

≪❸ 特別償却、特別控除

法人が一定の設備投資や人材投資を行った場合に、減価償却費を通常より多く計上できる「特別償却」や法人税を一定額控除できる「特別控除」があります。それ以外にも、雇用促進税制や試験研究費の税額控除など、青色申告でなければ受けられない制度があります。

> **MEMO　そのほかの届出書類**
> ほとんどの中小企業では行いませんが、もし棚卸資産の評価方法や減価償却の方法について、原則以外の方法を選択したければ、このタイミングで届出します。また役員に賞与を支給したい場合にも届出が必要です（第6章75、76参照）。

22 銀行・口座開設・当座預金・普通預金・納税準備預金

銀行の選び方と口座開設のしかた

口座開設を申し込んだら、どこの銀行でもすぐに口座を開けるわけではありません。1～2週間ほどの審査があり、断られる場合もあります。

金融機関の種類

≪❶ 都市銀行（都銀）

大都市に本店を構え、全国展開をしている銀行をいいます。大企業、中小企業、個人などと取引し、投資や国際業務も行っています。

≪❷ 地方銀行（地銀）

各都道府県に本店を構え、各地方を中心に展開している銀行をいいます。都銀よりも小口な取引をメインとし、地元の中小企業や個人をメインの顧客としています。

≪❸ 信用金庫（信金）

会員の出資による協同組合の金融機関です。地元の一定区域のみを営業地域とし、その地域の中小企業や個人を顧客としています。

≪❹ 信用組合（信組）

組合員の出資による協同組織の法人で、組合員の相互扶助を目的とする非営利の金融機関です。組合員にならないと利用はできず、営業地域内の在住者や在勤者などでなければ組合員になれません。

> **MEMO　銀行口座の開設は意外と難しい**
> 法人の場合は個人とは違い、口座開設が意外に大変です。もし都市銀行で口座がつくりにくいようなら、信用金庫や地方銀行、ゆうちょ銀行のほうが開設しやすいかもしれません。

金融機関の選び方

　都銀と地銀は株式会社なので、株主利益を追求する組織です。そのため、あまり融通が利かない側面があります。しかし信金と信組は地域の繁栄を図る相互扶助を目的としているので、地域社会の利益を優先してくれます。

≪中小企業の場合

　多額の融資を受けることはあまりないので、**信金や信組など、会社の経営状態以外のことも考慮してくれる金融機関のほうがいい**でしょう。

　ただしATMの数やネットバンキングなどの利便性は、都銀や地銀のほうが上回ります。複数口座を持つのであれば、**都銀か地銀と、借入れ用に信金か信組に口座開設する**ようにしましょう。

銀行口座の種類

≪❶ 当座預金

　業務上の支払いに利用する無利息の預金口座で、小切手や手形の支払口座です。預金保険の保護の対象になっています。当座預金を開設するためには審査があり、口座を開設したら小切手の発行はすぐできますが、手形の発行は取引実績による信用を得ないとできません。通帳は発行されず、毎月当座預金照合表が送られてきます。

≪❷ 普通預金

　お金の出し入れが自由にできる利便性の高い口座です。ATMでの入出金やネットバンキングも利用でき、公共料金などの自動引き落としや給与の自動振込もできます。通常は利息もつき、預金保険の保護の対象になります。

≪❸ 納税準備預金

　その名のとおり**国税や地方税の納税用の預金口座**です。普通預金よりは利率がいいことが多く、その利子は非課税です。預け入れはいつでもできますが、引き出しは納税のためだけにかぎられています。預金保険の保護の対象になります。

銀行口座開設の前に知っておきたいこと
≪口座開設を申し込むタイミング

　銀行口座を開設するには「登記簿謄本」が必要になります。**法人の設立登記が完了したあとに、会社の登記簿謄本を取ってから申し込みます。**

≪必要な資料

　銀行によって多少の違いはありますが、次の資料が必要です。

> ❶ 法人の登記簿謄本（履歴事項全部証明書）
> ❷ 認証を受けた定款　　❸ 法務局に届け出た代表印
> ❹ 印鑑証明書　　　　　❺ 代表者の身分証明書
> ❻ 代理人の場合には、法人との関係を示す社員証などの資料

≪どこの支店に行くか

　原則として**会社（本店）の最寄りの支店**以外では口座を開くことはできません。もし、別に事務所や営業所がある場合には、その場所を示す書類を持っていかなければなりません。最近はネット申し込みが多いです。

≪口座開設依頼書には何を書くのか

　銀行で「口座開設依頼書」を記入します。そこに事業内容や株主などについて記載し、それをもとに書類の確認をします。もし25％超の株式を持っている株主がいる場合には、その人の氏名、住所、生年月日なども聞かれます。

≪面談で聞かれる質問にきちんと答える

　まず「口座開設依頼書」を記入します。この口座開設依頼書の内容について、担当者と話をします。どういった事業内容なのか具体的に聞かれたり、入金の見込みを聞かれたりします。きちんとした態度で誠実さをアピールしましょう。

どんなときに口座開設を断られるのか

≪バーチャルオフィスや事務所の実態がない場合

　バーチャルオフィスの場合は開設できないことがほとんどです。事務所

の「賃貸借契約書」の提示を求められることもありますし、固定電話があるかどうかなど、本当にそこで業務を行っているかが重要になります。**バーチャルオフィス契約の場合は、自宅を本店登記して自宅近所の銀行に口座開設の申し込みをしたほうがスムーズ**です。

≪事業内容や事業目的が不明瞭もしくは不適切な場合

一体何の仕事をするのかわからない会社や、風俗関係などを目的に登記している場合には、口座開設を断られることがあります。

≪資本金が少なすぎる場合

資本金は1円でも法人の登記はできますが、現実的ではありません。銀行によって基準は違いますが、事業が回る程度の最低資本金がないと、口座開設を断られる場合があります。

銀行口座開設の前に印鑑をつくっておく

「代表者印（実印）」「銀行印」「社印」を作成します。これらの印鑑は「会社設立3点セット」などと呼ばれ、ネットショップなどで販売されています。

≪❶ 代表者印

代表者印は必ず法務局に登録しなければなりません。印鑑証明書に押すとても重要な印鑑なので、金庫などに保管するようにします。登記や契約書などの重要書類に捺印した場合、印鑑証明書を添付し照合することによって、この印鑑が真正な印鑑かどうかを確認します。

代表者印には「○○株式会社代表取締役之印」と記載し、大きさは1辺の長さが1cmを超え3cm以内の正方形に収まることと決められています。代表者印は、印鑑証明書の印影との一致が重要なので、欠けるような素材（大理石など）でつくるのは避けましょう。

≪❷ 銀行印

銀行などの金融機関との取引にのみ使用する印鑑です。銀行取引のたびに実印を使うのではなく、銀行印を使うほうが安全です。

≪❸ 社印

一般的に角印・会社印などと呼ばれ、「○○株式会社之印」と記載します。**この印鑑は領収書、請求書など日常業務で使用**します。

23 役員報酬・社長の給与

社長の給与の決め方

社長の給与は自分で決めなくてはなりません。所得税や社会保険料、住民税も含めて検討し、法人と個人の税金などの負担割合や個人の状況を含めて決定します。

社長の給与は毎月一定額を決まった日に支払うのが普通

≪役員報酬の基礎知識

役員報酬を会社の経費にするには、ルールがあります。経費にできるのは次の3つの方法によるものだけなので注意が必要です。

≪❶ 定期同額給与

定期同額給与というのは、議事録で決めた金額をその1年間ずっと毎月払い続ける給与のことです。この方法を選択しておけば、事前に税務署に届出をしなくても役員報酬を経費にすることができます。

また法人税法の規定により、役員報酬は原則として年に1度しか変えられません。変えられる時期は決算後3カ月間だけです。金額変更のときには、株主総会議事録や取締役会議事録を作成する必要があります。

≪❷ 事前確定届出給与

事前確定届出給与というのは、その役員に対して所定の時期に所定の金額を支払う旨を事前に税務署に届出をして支払う給与のことです。たとえば、非常勤の役員に年に数回だけ報酬を支払ったり賞与を支払う場合には、この届出をしておけば経費にすることができます。ただし、たとえ赤字であっても1度届を出してしまったら、その時期にその金額を支払わなけれ

ばならないので、利用している法人は多くありません。届出した時期と金額が完全に一致しなくてはならないので、注意しましょう。

≪❸ 利益連動給与

利益に連動して役員報酬を支払い、その金額を経費にできる給与のことです。ただし、この方法を使うには非常に厳しい条件があります。まず、同族会社は認められず、業務執行役員（監査役や非常勤役員でないこと）に対しての支給のみ認められ、その支給金額の算定方法などをきちんと事前に設定する必要があります。このような方法による支給は、同族会社が大半である中小企業ではあまり採用されていません。

結局、どうやって決めるの？

≪❶ まずは方針を決める

いくらにするかは結局のところ会社（＝社長）の考え方によります。

> ① できるかぎり個人に残したい
> ② なるべく法人の税金は安くしたい
> ③ 個人も法人もどちらもできるだけ税金を払いたくない　……etc

≪❷ 生活できないような金額には設定しない

できるだけ個人の税金を安くしたいと思えば、できるだけ少ない金額に設定することになります。たとえば月8万円にすれば所得税も住民税もかからず、社会保険料も最低金額になります。しかしこのような金額に設定した場合、生活するのが難しくなれば貯金を崩すか会社からお金を借りることになります。貯金を崩すならいいのですが、会社からお金を借りると、会社は「社長貸付金」が増えイメージが悪くなります。また社長は会社に利息を払って返済をする必要があります。このようなことから、**「生活が最低限できる金額以上」**に設定するようにします。

≪❸ 個人名義でローンを組みたい場合は少し多めに設定する

1人会社の場合、住宅ローンなどを借りるときは個人の源泉徴収票だけでなく、会社の決算書も見せることが多くあります。その際給与があまり

にも少ないと、ローンが組めなくなります。またクレジットカードをつくるのも難しくなります。

≪❹ 法人の利益が出ないと取引が難しいことも考える

業種によっては、法人が赤字だと取引が難しい場合があります。また、民間の信用調査会社で調査をされる場合もあるので、自分の業種や取引先のことも考えて、自分の給与を検討する必要があります。

● 社長の給与の額面金額と手取り額の違い

例　扶養家族ゼロ、年齢42歳、東京都内の法人で協会けんぽ加入の場合

月額給与	20万円	30万円	40万円	50万円
健康保険料	1万1,640円	1万7,460円	2万3,962円	2万9,100円
厚生年金保険料	1万8,300円	2万7,450円	3万7,515円	4万5,750円
社会保険料合計	2万9,940円	4万4,910円	6万1,477円	7万4,850円
源泉所得税	3,700円	6,750円	1万1,610円	1万8,710円
手取額	16万6,360円	24万8,340円	32万6,913円	40万6,400円

※ 社会保険料合計額は、これと同額が会社負担になります。

> 役員報酬の変更は年に1度だけなので、毎年決算のときに来期の損益を予測して、1年間の役員報酬をいくらにするか決めます。

24 経理・帳簿

1番カンタンな経理のしかた

起業したばかりの時期はやることがたくさんあるので、経理関係はできるだけ時間をかけずに、決算のときに困らないような準備をしておきましょう。

領収書は必ずもらう

≪❶ 一番大切なことは領収書をもらうこと

経費になるものを購入したら必ず領収書をもらいます。不要な領収書は最終的に捨ててしまえばいいので、あとからもらう手間を考え、とりあえずすべての領収書をもらっておきましょう。

≪❷ もらった領収書はどうするの？

帰宅してから、その領収書が**何に使ったかわからなくなりそうなものについては、裏に何を買ったのか、何に使ったのかをメモしておきます**。

また飲食代などの場合、誰と会食したのかをメモしておきます。

≪❸ レシートではダメなの？

「領収書をください」と言うのを聞くことが多いと思いますが、レシートがダメで領収書ならOKということはありません。**レシートに「日付」「店舗名」「内容」「金額」が書いてあれば大丈夫**です。レシートであれば、買った明細を書かなくても内容がわかるので、裏に何を買ったか書く手間が省けます。もし、**プライベート用のものも一緒に購入したら、別々に精算しなくても経費にしないものに線を引いて消しておけば大丈夫**です。

≪❹ 領収書をもらうなら、宛名と日付が必要

領収書を書いてもらうならば日付と宛名を必ず書いてもらいます。日付がない領収書は消費税の計算のときに領収書の効力がなくなりますし、あ

●領収書とレシートのサンプル

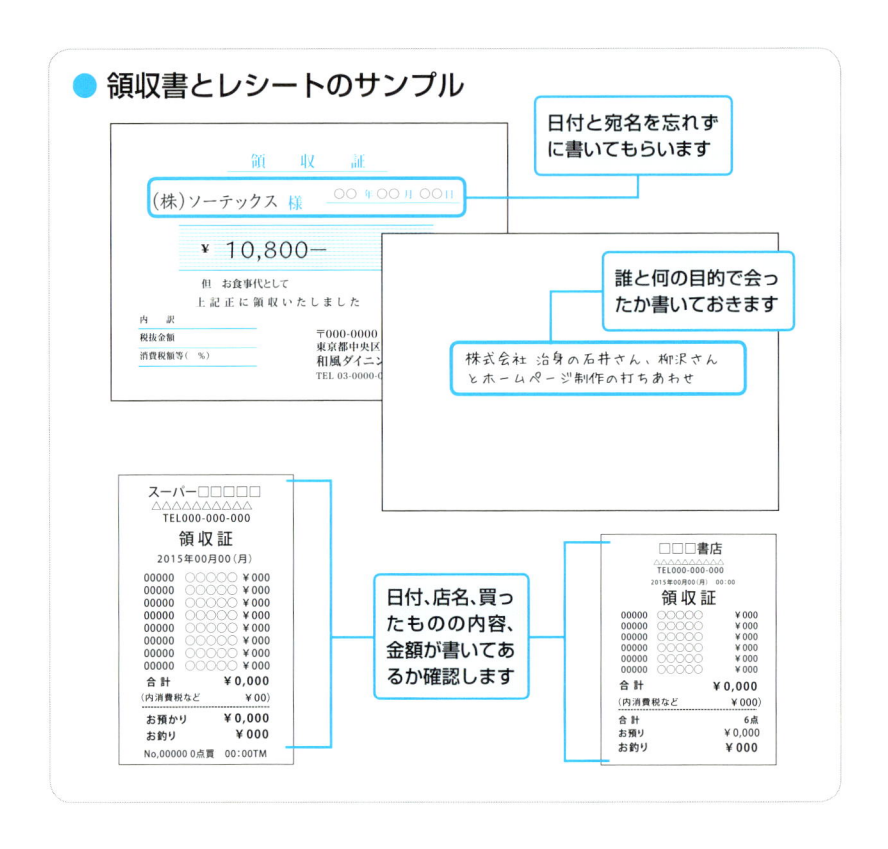

領収証
(株)ソーテックス 様　○○年○○月○○日
¥ 10,800－
但 お食事代として
上記正に領収いたしました
内訳
税抜金額
消費税額等（　％）

日付と宛名を忘れずに書いてもらいます

株式会社 治身の石井さん、柳沢さんとホームページ制作の打ちあわせ

誰と何の目的で会ったか書いておきます

日付、店名、買ったものの内容、金額が書いてあるか確認します

とで自分で記入するのも不適切です。何枚も同じ筆跡の領収書があるのもおかしな感じになるので、注意しましょう。

領収書がなくても経費になる？

≪領収書がもらえない場合はどうする？

　領収書がないお金の出費というものももちろんあります。
　東京では駅で切符を購入しても「領収書」というボタンがありますが、ない地域もあります。また取引先にお香典や結婚のお祝金などを渡しても、領収書がないのが普通です。
　そのような場合、**100円ショップや文具店で売っている「出金伝票」**を購入し、支払日、支払目的、相手先、金額を記載して領収書の代わりに保

管してください。もし結婚式の招待状やお通夜などのご会葬御礼などがあるなら、添付しておきます（第2章28参照）。

≪領収書がないと経費にできないの？

よく、「領収書がないので経費になりませんか？」「領収書があるので経費にしていいですよね？」という話を聞きますが、経費にしていいかどうかの判断は領収書の有無とは関係ありません。**経費にしていいのは、「事業に関係していること」と「その目的」です。**

その経費の使用目的はお金を使った人にしかわかりません。それを明らかにできるのであれば、領収書がなくても経費になります。領収書というのは、その目的を明らかにするための手段の1つです。

お小遣い帳をつけよう

≪覚えているうちに記録する

年に1回決算があります。どこまでを税理士に任せるのか、自分でやるのかによって、どの程度の経理作業が発生するのかが変わってきます。それでも現金出納帳、つまりお小遣い帳程度はつけておきましょう。通帳からの振込は通帳に記帳されているので、あとで見てもわかるはずです。でも現金での支払いは、あとになってみたら何の費用だったのかがわからないことがよくあります。

税理士に頼むにしろ自分でやるにしろ、お金の動きをもとに経理ソフトに入力していくことは同じです。お金を支払ったら、日付、相手先、目的を記録しておくことが、決算の手間を省く基本です。決算の時期になって、1年前の出費の理由を聞かれて100％きちんと答えられる人はいないでしょう。ですから、**使ったら覚えているうちに記録する**のが大切です。

通帳はまめに記帳しよう

≪長期間記帳しないと明細が記帳されなくなる

最近はネットバンキングの利用が増えたので、あまり記帳をしない人が多くなりました。ところが、**記帳をしないで溜めてしまうと「合計記帳」をされてしまい、収支の明細が記帳されなくなります。**

帳簿には銀行のお金の動きすべてを記載していくので、合計記帳されてしまうと別途「明細書」を銀行に依頼して作成してもらうことになります。

財布は分けるか分けないか？

≪財布は分けなくてもいい

　自分のお財布と会社（事業）のお財布を常に2つ持ち歩き、その都度きちんと分けて会計できる人はいいのですが、実際はなかなか難しいものです。1つのお財布から事業用のものと個人のものを一緒に買ったりしたら、あとで事業用のお財布からお金を移動しなければなりません。2つの財布を持つのが難しいなら、財布は1つにして、**買ったものや使ったものが事業用なのかプライベート用なのかをきちんと把握しておけば大丈夫**です。

≪財布が1つの場合の会計処理

　財布を分けない場合、法人の場合は「社長借入金」などの勘定科目などを使って会計処理をしていきます。この科目は「現金」の代わりです。**現金を動かしたときはすべて「社長借入金」で処理します。**これは「社長が事業用のお金を立て替えている ＝ 社長からお金を借りている」ということになります。もし、社長個人名義のクレジットカードを使った場合でも「社長借入金」を使います。一定の金額がたまれば事業用の通帳から個人の通帳に振込をして返済します。決算のときに「社長借入金」の残高が残っていてもかまいません。

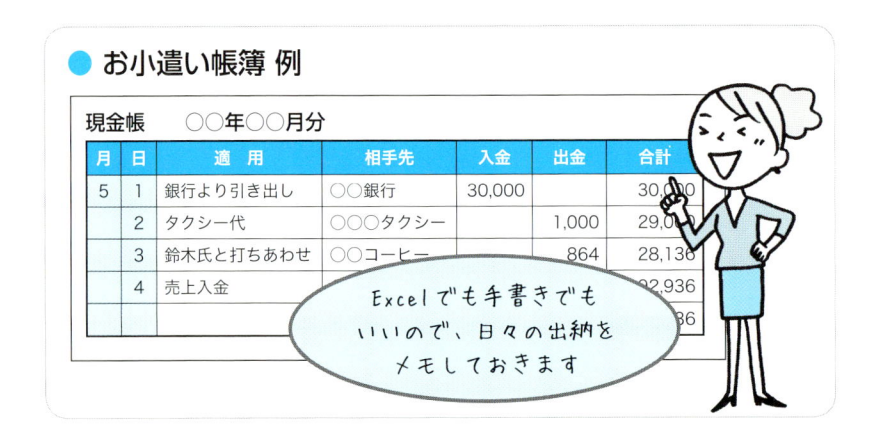

● お小遣い帳簿 例

現金帳　　○○年○○月分

月	日	適用	相手先	入金	出金	合計
5	1	銀行より引き出し	○○銀行	30,000		30,000
	2	タクシー代	○○○タクシー		1,000	29,000
	3	鈴木氏と打ちあわせ	○○コーヒー		864	28,136
	4	売上入金				22,936

Excelでも手書きでもいいので、日々の出納をメモしておきます

25 収入印紙・印紙税・領収書・請求書

領収書・請求書の書き方

お金をいただいたら領収書を書きます。大きな金額の場合、領収書に収入印紙を貼ります。

領収書の基礎知識

≪領収書の役割

領収書は商品やサービスに対して、**確実にお金をもらった（または支払った）ということを証明するための書類**です。また経理書類を作成する際に、売上や経費の証明として使用します。税務調査のときに領収書と帳簿の付けあわせをしたり、消費税の計算のときには要件を満たした領収書が必要となります。

≪領収書の書き方

領収書の書き方には、次のようなルールがあります。

❶ 日付は領収書発行の日
❷ 宛名は正式名称
❸ 金額は改ざんができないように！
❹ 但し書きはブランクにしない
❺ 5万円以上の領収書には印紙と割印を忘れない
❻ 発行者の住所・氏名と認印を押す

収入印紙の基礎知識

≪5万円以上の領収書には印紙が必要

5万円未満の受取金額については、印紙税が非課税となりました。収入印紙は、売上代金を受け取った証明文書に貼らなくてはいけないもので、貼らないと脱税になります。

≪収入印紙を貼らなかった場合

収入印紙を貼らないと、印紙の額面の3倍の額を過怠税として支払わなくてはなりません。

≪収入印紙の金額

国税庁のサイトにある印紙税の一覧（https://www.nta.go.jp/taxes/shiraberu/taxanswer/inshi/7140.htm）を見て判断します。

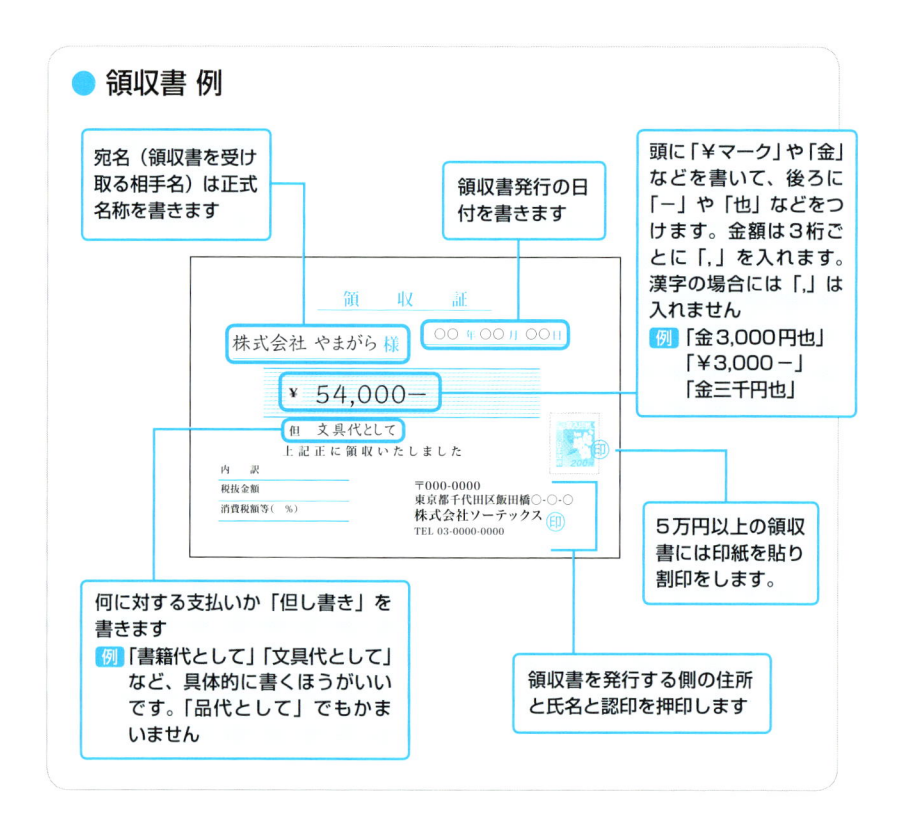

● 領収書 例

- 宛名（領収書を受け取る相手名）は正式名称を書きます
- 領収書発行の日付を書きます
- 頭に「¥マーク」や「金」などを書いて、後ろに「－」や「也」などをつけます。金額は3桁ごとに「,」を入れます。漢字の場合には「,」は入れません
  - 例「金3,000円也」「¥3,000－」「金三千円也」
- 5万円以上の領収書には印紙を貼り割印をします。
- 領収書を発行する側の住所と氏名と認印を押印します
- 何に対する支払いか「但し書き」を書きます
  - 例「書籍代として」「文具代として」など、具体的に書くほうがいいです。「品代として」でもかまいません

領収証
株式会社 やまがら 様
¥ 54,000－
但 文具代として
上記正に領収いたしました
内訳
税抜金額
消費税額等(　%)
〒000-0000
東京都千代田区飯田橋○-○-○
株式会社ソーテックス
TEL 03-0000-0000

請求書の基礎知識

≪請求書とは？

商品やサービスの代金を相手先に請求する書類です。請求書には提供した内容や商品名、数量、単価、合計金額を記載し、振込口座や支払期限を記載します。

≪請求書の書き方

請求書の書き方にはルールはありません。ただし売上代金を入金してもらうことが目的なので、**相手先のルールにあわせることが大切**です。

≪入金してもらえる請求書

確実に入金してもらうために、次の例の5つのポイントを押さえます。

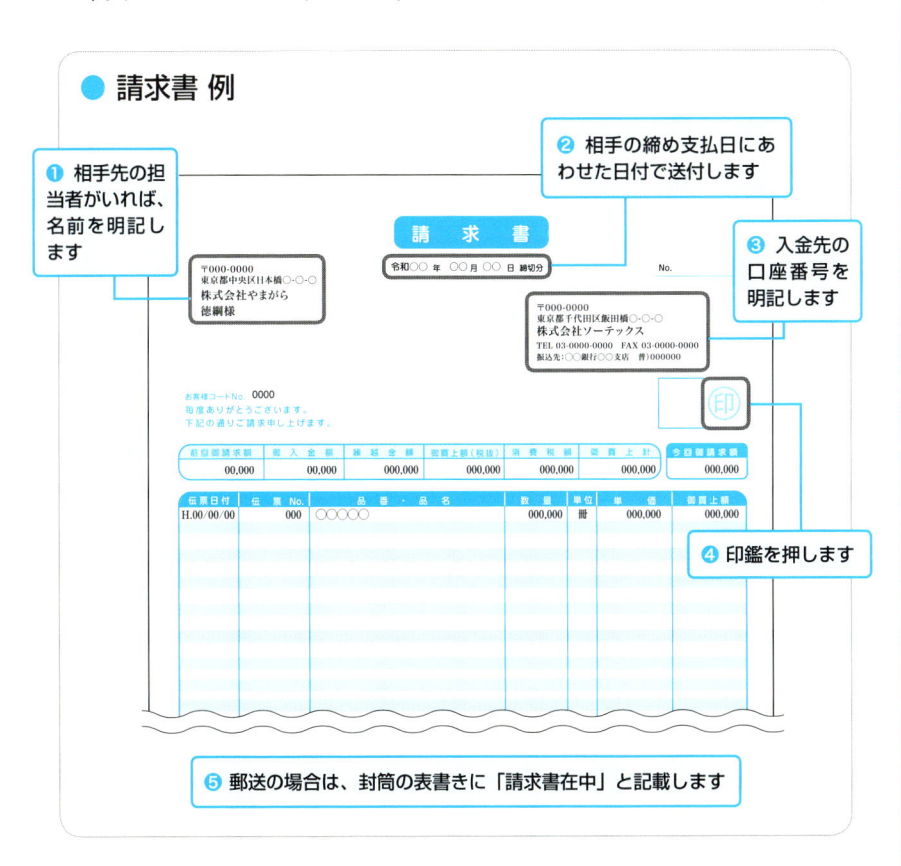

● 請求書 例

❶ 相手先の担当者がいれば、名前を明記します

❷ 相手の締め支払日にあわせた日付で送付します

❸ 入金先の口座番号を明記します

❹ 印鑑を押します

❺ 郵送の場合は、封筒の表書きに「請求書在中」と記載します

26 勘定科目・仕訳

勘定科目の決め方

帳簿をつけはじめるときにまず困るのが、どの勘定科目を使うかです。大雑把すぎても細かすぎてものちのち面倒なので、最初に使う基本的な勘定科目を押さえておきましょう。

勘定科目の決め方

≪❶ よく使われる勘定科目

次の23個の勘定科目がよく使われています。

- 租税公課
- 荷造運賃
- 水道光熱費
- 旅費交通費
- 通信費
- 広告宣伝費
- 接待交際費
- 損害保険料（保険料）
- 修繕費
- 消耗品費
- 減価償却費
- 福利厚生費
- 役員報酬
- 給与賃金（給与）
- 雑給
- 外注工賃（外注費）
- 利子割引料
- 地代家賃
- 雑費
- 支払手数料
- 事務用品費
- 新聞図書費
- 会議費

≪❷ 会社独自の勘定科目をつくろう

実は新しい勘定科目を設定するのに、規則はありません。つまり何を使ってもいいので、自社のビジネスにあった科目を設定します。

たとえば、海外出張が多ければ「海外出張費」、インターネット関係費用が多ければ「インターネット関連費」といった具合です。ただし、たくさんの勘定科目をつくると煩雑になるので、金額が大きくないものは、いずれかの勘定科目に含めてしまいます。

気になる勘定科目

≪「消耗品費」と「雑費」の違い？

　消耗品とは形があるもので、文字どおり消耗してなくなっていくものをいいます。ただし家具や電気製品など、普通に考えたら消耗していくとは思われないような備品でも、10万円未満のものであれば、経理上「消耗品費」として扱うので注意が必要です。会社によっては、「消耗品」と「事務用品」に分けているところもあります。

　「雑費」というのは、どの勘定科目にも入らないものを指します。できるだけ雑費は使わないほうがいいのですが、どの科目にも入らないものであれば「雑費」にします。

　雑貨を買うと「雑」という字のイメージから「雑費」に入れたくなりますが、**雑貨は通常「消耗品」になります**（114頁column参照）。

≪「接待交際費」と「会議費」の違い？

　たとえば、ご祝儀やお見舞い金、お香典といったお金を包むことがあります。それが**外部の人へ渡した場合には「接待交際費」、自分の会社の人へ渡した場合には「福利厚生費」**になります。

　では、会食をした場合にはどうなるのでしょうか？　明らかに「会議」を目的とした会食、たとえば出前のお弁当を食べながら打ちあわせをしたり、喫茶店で打ちあわせをしながらコーヒーを飲んだりした場合には「会議費」になります。

　また、会食であっても会議目的ではない場合については、次のようになります。

福利厚生費	社員の慰安を目的に、社内の人と会食した場合
会議費	社外の人と接待目的の会食をした場合（1人5,000円以下）
接待交際費	社外の人と接待目的の会食をした場合（1人5,000円超）

※ 中小企業の場合、会議費は支払ったすべての額を経費にできますが、交際費は支払った金額のうち800万円までしか経費にできません。
※ 法人の役員や従業員の接待を目的とした会食は、1人5,000円以下であっても会議費にはできません。

27 会計ソフト・エクセル・クラウド会計

会計ソフトの選び方

市販の会計ソフトはいろいろありますが、どれを選んだらいいのでしょうか？　会計ソフトなしでも経理はできるのでしょうか？

どのようなソフトを選んだらいいのか？

≪自分でやるなら必須

　もともと紙と鉛筆と電卓での経理経験がある人以外は、会計ソフトを使わずに法人の帳簿をつけるのは難しいです。自分や従業員が帳簿をつけるなら、会計ソフトは必須です。一般用の会計ソフトは使いやすくできているので、**簿記の最低限の基礎知識があるなら、毎月の財務資料までは問題なくつくれるようになります。**

≪どのソフトを選ぶか

　どの程度の簿記知識があるかによって、選ぶ会計ソフトが違ってきますが、一般的に広く知られているのは「**弥生会計**」です。会計ソフト以外にも販売管理ソフト、給与計算ソフト、顧客管理ソフトなども販売されています。

≪クラウド型のソフトウェア

　最近増えているのは、クラウド型の会計ソフトです。既存の会計ソフトをクラウドで使えるようにしたものもありますが、「**freee**」や「**マネーフォワード**」のようなまったく新しいタイプのクラウド型ソフトウェアもあります。これらのクラウド型のソフトウェアの長所は、ネットバンキングを使っていると自動で銀行のデータを取り込み、最初に設定しておけば、同じ取引は自動で同じように仕訳してくれるところです。**どこでも経理がで**

き、スマートフォンやタブレットでも記帳できるものもあります。

≪税理士事務所との連動型会計ソフト

　税理士と顧問契約を結び、日々の記帳を自分でする場合には、**税理士事務所との連動型**が使いやすいです。税理士事務所では「**JDL**」「**弥生会計**」などがよく使われています。インターネットで入力済みデータを税理士に送れば、税理士事務所でチェックをして修正データを簡単にやりとりしたりすることができます。税理士と経理担当者とで同時に会計データを見ながら電話で話すこともできますし、常に２カ所に会計データがあるので、万一バックアップを取り忘れてデータが消えてしまっても安心です。

　また、経理担当者が決算前までの入力を終わらせて税理士事務所にデータ送信をすれば、税理士事務所は仕訳をチェックするだけですぐに決算業務に入れるので、決算を早く終わらせることができるメリットがあります。

会計ソフトに自分で入力するメリット

≪❶ 会社の損益状況をすぐに見ることができる

　通常、税理士事務所にデータ入力を依頼する（記帳代行といいます）場合には、月末までの通帳のコピーや領収書などの資料をまとめて税理士事務所に送ったり、税理士と面会するときに渡すことになります。しかし、それでは財務資料ができあがったときにはどんなに早くてもすでに翌月です。それをもし自分の会社内で会計ソフトに日々入力していたら（自計化といいます）どうでしょう。昨日の売上や経費が翌日すでに入力されているので、現在どのくらいの売上や利益があるのか、目標までにいくら必要なのか、もしくはどのくらい節約しなくてはいけないのかなどがタイムリーにわかるようになります。

≪❷ 会社のお金の使い方がわかる

　税理士に資料を丸投げして記帳してもらっていると、財務資料が毎月送られてきても眺めているだけということになりがちです。自分で使った経費を、領収書を見ながら改めて入力することによって、自分が何にお金を使っているのかがよくわかります。

28 領収書・レシート・ファイリング

領収書の整理のしかた

　領収書の整理に時間をかける必要はありません。何年何月分がどこにあるかがわかればいいのです。領収書は、会計ソフトに入力してしまったら、ほとんど見ることはありません。

会計ソフトに入力しやすい整理方法

≪基本は日付順

　必ず会計期間ごとにまとめます。毎日入力する場合には自動的に日付順になりますが、**数日もしくはひと月まとめて入力する場合には、領収書を日付順に並べ直します。**大きいテーブルや机の上にずらっとトランプを並べるように並べて若い日付から順にまとめます。

≪お勧めはホチキス留め

　領収書を経理ソフトに入力したあと、クリップで仮止めしておき、その月が終わった時点でホチキス留めをします。この方法だと、領収書の入力に時間もかからず、日付も前後することはあまりありません。毎月1日には前月分が終わるようにすれば、作業も領収書も溜まることはありません。

≪ひと月まとめるなら、相手別や科目別でもいい

　まとめて入力する場合、日付でなく、同じ月の中で相手先ごとにまとめてもかまいません。特定の店舗での支払いが多いなら、店舗別に分けるのも効率的です。タクシー代、交通カードチャージ代、などと分けるのもいいです。その**分けた束の中で日付順に並べます。**

　会計ソフトは同じ勘定科目を続けて入力する場合にはエンターキーを押すだけですむ機能がついていることが多いので、同じ科目が続いているほ

うが入力作業の時間がかかりません。同じく摘要欄も同じであればエンターキーで入力できるので、**同じ科目や同じ摘要はまとめておくと楽**です。

領収書の保管のしかた

　領収書は必要なときに取り出せればどこに保管してもかまいません。「必要なとき」というのは税務調査が入ったときぐらいです。月ごとにホチキス留めした領収書の束を事業年度ごとにA4サイズの封筒に入れて、事業年度を表に書いておく程度で十分です。

領収書がない場合はどうする？

　お香典やお祝い金などのように領収書がもらえないような場合には、出金伝票を作成し、会葬御礼や招待状などを添付しておきます。券売機で購入した切符代などで領収書がないものについても、出金伝票を作成し、利用した交通機関などを記載しておきます。

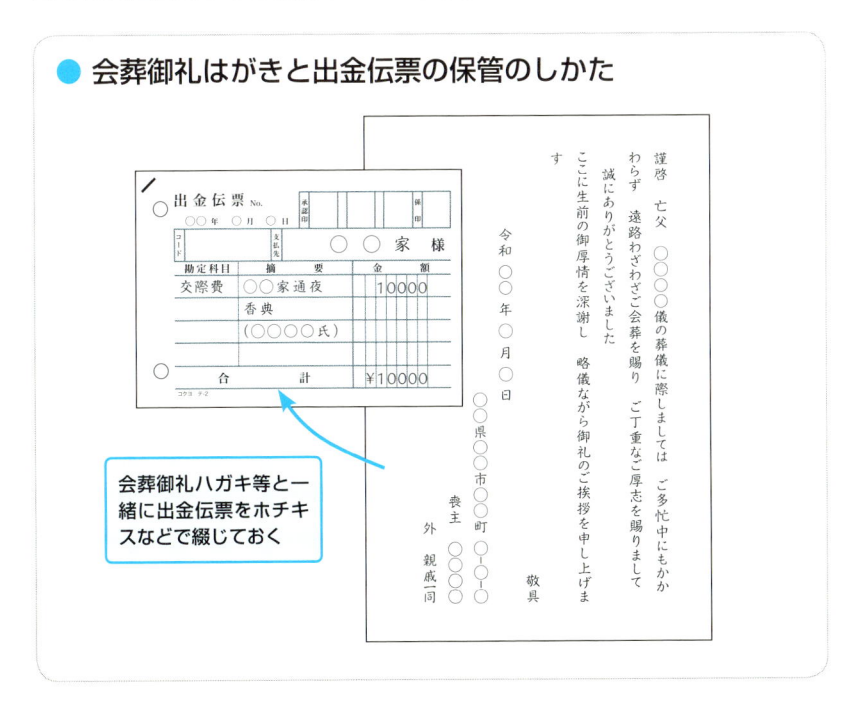

● **会葬御礼はがきと出金伝票の保管のしかた**

会葬御礼ハガキ等と一緒に出金伝票をホチキスなどで綴じておく

93

29 書類・領収書・整理・保管・保管期限

書類の整理・保管のしかた

経理にはいろいろな書類がありますが、その種類によって保管期間が異なります。

証憑類の整理のしかた

≪請求書や納品書の整理のしかた

相手から受け取った請求書をもとに支払いをしたら、その請求書に支払日を手書きで入れておくと、あとで先方から照会があったときなどに便利です。**1年分の請求書や納品書を会社ごとにまとめて、それぞれファイルをつくって綴じ、総勘定元帳や現金の領収書とともに10年間保管しておきます。**なるべくコンパクトに、時間や手間をかけずに整理します。

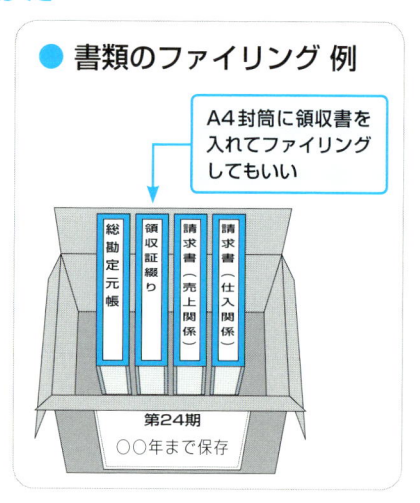

● 書類のファイリング 例

A4封筒に領収書を入れてファイリングしてもいい

総勘定元帳／領収証綴り／請求書（売上関係）／請求書（仕入関係）

第24期
○○年まで保存

文書の保管のしかた

≪文書はデータ化する

原則は画像やPDFにしてDVDや外付けHDDに保管します。紙で保管するよりも場所を取らずに便利です。ただし、紙で保管しておかなければならないものもあるので、書類の種類によって使い分けます。

● 主な経理書類の保管方法と保管期間

書類名	保管方法	保管期間
定款、登記書類	紙	永久
株主総会議事録、取締役会議事録、決算書、総勘定元帳	紙とデータ	10年
帳簿、決算関係書類、請求書、領収書、給与関係書類、給与所得者の扶養控除等申告書、源泉徴収簿	紙とデータ	10年

≪感熱紙に注意

　最近の領収書はレジから直接発行されるものが増えています。この感熱紙式の紙は、折り曲げたりのりをつけたりすると徐々に色が変わっていって、しまいには文字が見えなくなってしまうので、折らずに保管します。

≪大きさは統一する

　紙で保管するものについては、同じ大きさで印刷して保管しましょう。**ほとんどの提出書類がA4サイズになっているので、A4とA3で印刷しておけばファイリングするフォルダーサイズも統一できます。**

書類の整理・保管の仕方

　電子帳簿保存法の改正により、電子で受け取った領収書や請求書は電子データ（PDFやスクリーンショット）で保存する必要があります。自分が発行した電子の請求書なども電子で保存しなければなりません。

　保存には以下の3要件があります。

❶ ディスプレイで確認できる
❷ 改ざんができないシステムを使う、または事務処理規程をつくる
❸ 検索できる（日付、金額、取引先を条件に検索できるか）

　そのため、簡単なのは

- 事務処理規定を作り、
- PDFかスクリーンショットで保存
- 検索のために「2022.01.31＿ソーテック＿33,000」のようなファイル名を付けて保存

です。

30 顧問税理士

税理士の選び方

代表者1人の会社で会計ソフトに入力をする時間がない場合は、丸投げして、本業に専念して売上をあげることに集中したほうが効率的です。

そもそも税理士って何をしてくれるの？

≪税理士の仕事

国家資格を持っていて日本税理士会連合会に登録した人だけが、税理士と名乗って仕事をすることができます。**税金の相談や税務書類の作成は、税理士以外はできません。**よく混同されていますが、公認会計士の資格を持っていても税理士の登録をしていなければ、税金関係の仕事をすることはできません。

≪顧問税理士がいるメリット

法人の場合、個人と比べて確定申告の書類が煩雑なので、申告書を自分で作成することが大変なことや、個人事業主に比べて会社で処理するべき経理事務が多いので、税理士と顧問契約している会社がほとんどです。

法人だと、年間に数回税金の支払いや書類の提出がありますが、それらを忘れずに確実に処理してくれるので本業に専念することができます。何より毎年提出する確定申告書に、税理士の名前と印鑑がついているかどうかで、その申告書に対する信用度が違います。

顧問税理士がいる場合、税務署などからの税金に関係する問いあわせについては、会社に直接連絡が来ることはなく、税理士に連絡が来ます。また、税務調査も税理士が立ち会ってくれるので安心です。

≪顧問税理士の費用

　気になる費用はというと、毎月顧問料を支払い、プラス4～6カ月分程度の決算料を支払うというパターンが主流ですが、最近は年間にかかる費用を12カ月に按分して毎月固定金額を払うパターンも増えています。

　また、調査立ち合い料、年末調整手数料など、業務に応じてオプション料金がかかる場合や、ひと月の仕訳数によって金額が変わったり相談の回数が決まっている場合もあります。顧問料については地域差が大きく一概にいくらとはいえないのですが、周囲の税理士と比較してあまりにも安いときには、このようなオプション料金がどうなっているのか事前に確認するようにします。

税理士に丸投げしたほうがいい人

≪簿記をまったく知らない人

　会計ソフトは「簿記がわからなくてもできる」ようにつくられていますが、本当に何もわからない人が会計ソフトに入力しようとしても、それは無理があります。自計化（91頁参照）しても間違ったやり方でつくった資料では意味がありませんし、修正だらけの仕訳データを税理士に渡しても結局やり直しになるだけです。最低限の知識を勉強する時間がない、または勉強したくないのなら、はじめから丸投げしたほうがいいです。

税理士の選び方

≪隠し事をしないですむ相性とスピード感

　丸投げするなら、税理士との相性が大切です。お互いに話しやすく隠し事をしない経理ができる関係であることがポイントです。また、税理士の処理スピードが遅いと意味がないので、前月の財務資料を素早く提出してくれる税理士を選ぶのも重要です。通常であれば、**経理書類を渡して1週間以内に資料ができあがるのを目安に**しましょう。

≪コンタクトを取りやすい人

　メールや電話など、自分が希望する方法でコンタクトしやすい人がいいです。最近はSkypeやZoomなども利用されています。

税理士は借入れをするときに何をしてくれるの？

≪❶ 書類の作成

　創業融資のときには必要ありませんが、事業を開始してから借入れをする場合には、試算表や決算書の提出を求められます。粉飾などはできませんが、**適切な勘定科目を使うことによって金融機関の審査も変わります。**また決算書に税理士名と印鑑があることでの信用度も上がります。

≪❷ 優遇制度が受けられる

**　信用保証協会を利用して借入れをする場合、税理士が所定の書類に記入をして添付することで、信用保証料が優遇されることがあります。**

　また銀行から融資を受ける際にも、同様に利率の優遇がある場合があります。税理士担当の部署がある銀行もあるので、そこを利用することによって一般より融資が受けやすくなる可能性があります。

≪❸ 事業計画書の相談

　借入れの際には事業計画書や資金繰り表を作成しますが、毎月試算表を作成していれば、資金繰り表などはすぐに出すことができます。また最近は事業計画書や資金繰り表以外の書類作成を求められることが増えていますが、それらの書類も毎月きちんと経理処理していれば、簡単につくることができます。

> 特殊な仕事を頼むなら専門の税理士を、一般的な仕事を頼むならまずは相性です。

31 法人カード・クレジットカード・コーポレートカード
法人名義のクレジットカードはつくったほうがいい？

会社を設立してすぐにつくれる法人名義のクレジットカードは、あまり多くはありません。

法人カードの基礎知識

≪法人カードとは？
クレジットカードの種類のひとつで、中小企業や個人事業主を対象にしたカードです。引き落としは会社の口座から一括して行われます。

≪法人カードのメリット
現金と違って領収書をなくす心配がないので、利用明細が完璧に残ります。また、**個人カードと法人カードとを使い分けることによって、経費の公私をはっきりと分けることができます**。従業員に持たせることによって、出張などの仮払精算の手間も省くことができ、いつ・誰が・どこで・何にいくら使ったかが一目瞭然となります。

≪審査基準はとても厳しい
一般的に設立3年以上で連続黒字決算2期以上ともいわれていますが、新設法人でもつくれた事例があります。

≪比較的審査がとおりやすいといわれている法人カードは？
次のカード会社は、法人としての信用ではなく、法人の代表者としてカードがつくれるので、審査がとおりやすいといわれています。

- アメリカンエクスプレス
- ダイナースクラブ
- JCB
- オリエントコーポレーション
- クレディセゾン

法人カード申し込み時の必要書類

カード会社によって若干違いはありますが、最低限必要なのは次の4つです。

❶ 銀行口座（法人名義）	法人名義のクレジットカードの決済は、法人名義の銀行口座が必要
❷ 履歴事項全部証明書（登記簿謄本）	現在事項証明書を法務局で取得する
❸ 印鑑登録証明書	❷の履歴事項全部証明書と同じ法務局で取得する
❹ 本人確認書類	運転免許証などが適切

法人カードがつくれなかったらどうする？

≪代表者とその家族のカード

代表者や代表者とその家族だけがカードを使うのであれば、個人名義のクレジットカードのうち、どれかを法人の決済用に決めてしまいます。法人カードではないので引き落としは個人口座になってしまいますが、カードの利用明細はすべて経費分なので、経理書類と一緒に保管するようにします。

≪従業員のカード

従業員にも同じように経費用のカードをつくってもらい、毎月の利用明細を会社へ提出し、給与支払い時にその金額を支払うようにします。いずれの場合も、カードごとに公私の使い途をきっちり分けることができるので、経費管理が楽になります。

コーポレートカードは法人カードと違う？

コーポレートカードも法人向けのクレジットカードですが、主に大企業を対象に発行されるもので、経費を決済するためのカードのことです。法人口座から一括引き落としするタイプと使用者個人の口座からそれぞれ引き落としをするタイプがあります。

32 売上・仕入れ代金・回収・資金繰り・キャッシュフロー
資金繰りをよくする方法

利益が出ていても資金繰りが悪い場合もありますし、その逆もあり得ます。入金サイトと支払いサイトの差（タイムラグ）をうまく使って資金繰りをよくしましょう。

資金繰りをよくする入出金のタイムラグ

≪最初が肝心！

一度決めてしまった入金サイトと支払いサイトはなかなか変えられません。途中で変えてほしいと頼むと「この会社資金繰りがうまくいっていないのでは？」と疑われてしまいます。ですから最初の取り決めをするときに、自分に有利な取り決めをします。たとえば、売上が月末締めの翌月末払い、仕入れ代金が月末締めの翌々月の10日払いだったら、売上が入金されてから支払期限が来るので、資金がショートすることはありません。

≪相殺で資金繰りがよくなる

商品を売っている会社から材料を仕入れている場合、売上と仕入れ代金の相殺ができます。ただし、入金と支払いサイトの違いにより資金繰りに差が出てきます。自社に有利なサイトなら相殺を持ち掛けてみましょう。

≪手形取引がある場合

もし手形取引があるなら、手形の期限を確認します。支払いサイトが長い手形の場合は、その間の資金繰りに支障が出ます。手形を期限前に早く現金化したいときは、手形を「割引」ます。ただし割引料を取られるので、入金額の確認が必要です。早く現金化できる利便性もあるので、現金回収のサイトを短くすることが難しい場合には、手形取引を検討しましょう。

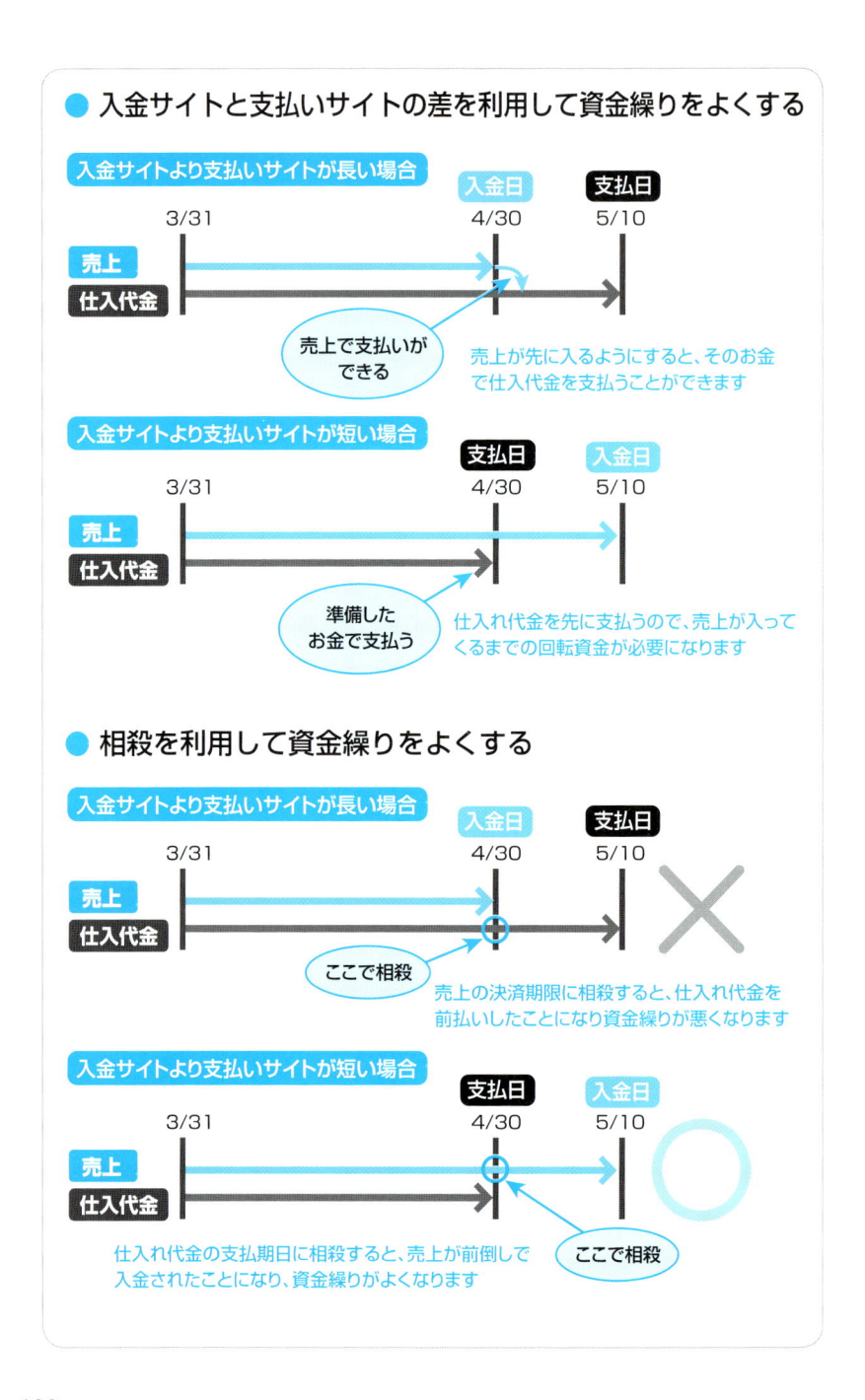

● 入金サイトと支払いサイトの差を利用して資金繰りをよくする

入金サイトより支払いサイトが長い場合

3/31 ── 入金日 4/30 ── 支払日 5/10

売上
仕入代金

売上で支払いができる

売上が先に入るようにすると、そのお金で仕入代金を支払うことができます

入金サイトより支払いサイトが短い場合

3/31 ── 支払日 4/30 ── 入金日 5/10

売上
仕入代金

準備したお金で支払う

仕入れ代金を先に支払うので、売上が入ってくるまでの回転資金が必要になります

● 相殺を利用して資金繰りをよくする

入金サイトより支払いサイトが長い場合

3/31 ── 入金日 4/30 ── 支払日 5/10

売上
仕入代金

ここで相殺

×

売上の決済期限に相殺すると、仕入れ代金を前払いしたことになり資金繰りが悪くなります

入金サイトより支払いサイトが短い場合

3/31 ── 支払日 4/30 ── 入金日 5/10

売上
仕入代金

ここで相殺

○

仕入れ代金の支払期日に相殺すると、売上が前倒しで入金されたことになり、資金繰りがよくなります

33 損益分岐点・損益分岐点売上・変動費・固定費

いくら売ったら黒字になる？
～損益分岐点の求め方～

売上から費用を引いた金額がゼロになるところを「損益分岐点」といいます。売上がこの金額を超えていれば黒字、下回っていれば赤字になります。

損益分岐点の基礎知識

損益分岐点を求めるためには、費用を変動費と固定費に分ける必要があります。

≪変動費とは

「**売上に連動してかかる費用**」です。売上高が0円ならば変動費も0円です。たとえば、売上高が0円のとき、商品の仕入金額は0円、外注費も0円です。

≪固定費とは

「**売上に関係なく、かかる費用**」です。給与や家賃、光熱費、通信費など多くの費用は、売上が0円であってもかかります。

損益分岐点は次の計算式で求めます。

● 損益分岐点の計算方法

損益分岐点 ＝ 固定費 ÷ ｛（売上 － 変動費）÷ 売上｝

損益分岐点がわかれば、黒字にするためにはいくらの売上が必要なのかが導き出せます。せっかく事業を興して必死にがんばっても、利益が出な

くては意味がありません。

いくらの売上が必要なのかがわかったら、その金額を最初の営業目標として事業計画書（第1章18参照）をつくります。

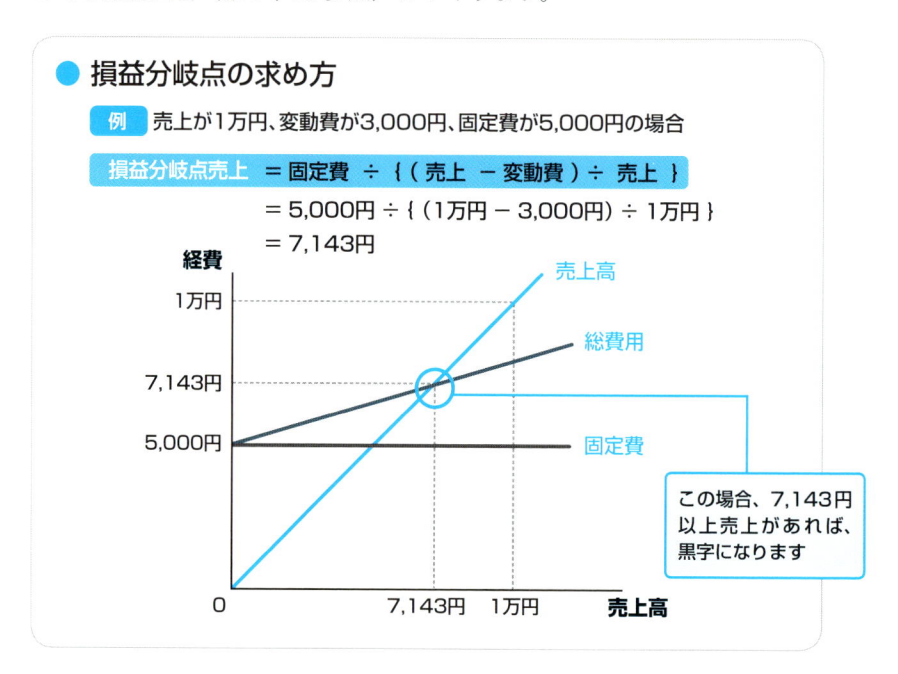

● **損益分岐点の求め方**

例　売上が1万円、変動費が3,000円、固定費が5,000円の場合

損益分岐点売上 ＝ 固定費 ÷ ｛（売上 － 変動費）÷ 売上｝
　　　　　　　 ＝ 5,000円 ÷ ｛（1万円 － 3,000円）÷ 1万円｝
　　　　　　　 ＝ 7,143円

この場合、7,143円以上売上があれば、黒字になります

損益分岐点を下げる方法

≪❶ 固定費を下げる

　人件費を見直すことによって損益分岐点を下げることができます。たとえば、外注費や残業代、賞与を減らすことなど、人件費に関わるところは下げやすいです。ただし、モチベーションも下がってしまうので、理解や工夫が必要です。

≪❷ 変動費を下げる

　限界利益率（売上高から変動費だけを引いたもの）を下げます。**仕入単価を下げることで粗利を増やしたり、複数商品を扱っている場合には、利益率の高い商品の売上割合を上げるような営業戦略を取ります。**

34 予算管理・予算表

自分の会社にあった予算の立て方

予算を立てずに事業を進めていくと、知らず知らずのうちに経費が増えてしまい、売上が増えても結局赤字になりかねません。経費の垂れ流しを防止するために、まずは予算を立てましょう。

予算は事業年度開始の直前に決める

≪❶ 見込売上を算定する

見込顧客から算定する、もしくは事業を維持するために最低限必要な売上高から算定してもかまいません。まずはいくらの収入があるかがわからないと予算が立てられないので、**まず「見込売上」を月別で作成します。**

≪❷ 見込仕入額を算定する

次に売上原価となる商品仕入高を算定します。❶で決めた見込売上を達成するためには、いくつの商品を売らなくてはならないのか（＝ いくら分仕入れなくてはいけないのか）を計算し、そのために必要な仕入金額を月別で作成します。

≪❸ 見込経費を算定する

「見込売上 － 見込仕入 ＝ 見込粗利益」になります。ここから経費を使ったあとに残るのが税引前の「**純利益**」です。この純利益をいくら出したいかによって、いくらの経費が使えるかがわかります。使える経費の総額を振り分けましょう。**家賃（固定費）や水道光熱費、通信費、交通費など、必ずかかる変動費を見積もり、残りがいくらになるかを計算します。**

複数の商品があるなら、❶❷の算定を商品別または事業別に計算して、振り分けも同じく商品別または事業別にします。

予算は、Plan、Do、Seeがポイント

特に最後のSeeをやらなければ予算を立てている意味がありません。予算を立て、それを実行し、見直しをして行動の修正をしていきます。もし見込売上と実際の売上があまりにもかけ離れていたら、予算を立てている意味がなくなってしまうので、見直しをしなくてはなりません。これを実行するためには、毎月の試算表作成（第6章79参照）が不可欠になります。**利益をあげるには、売上を増やすか変動費を減らすしかありません。**

● 予算表 例

単位：千円

	1月	2月	3月	4月	5月	6月	7月	8月	9月	10月	11月	12月	合計
❶ 売上	200	250	300	400	600	800	800	700	800	1,000	1,000	1,000	7,850
❷ 仕入金額	80	100	120	160	240	320	320	280	320	400	400	400	3,140
粗利益	120	150	180	240	360	480	480	420	480	600	600	600	4,710
❸固定費 家賃	70	70	70	70	70	70	70	70	70	70	70	70	840
水道光熱費	12	12	10	8	8	8	15	15	10	8	10	12	128
❸変動費 通信費	15	15	15	20	20	20	20	20	20	20	20	20	225
交通費	20	20	20	25	25	25	30	30	35	35	35	35	335
消耗品費	30	30	20	20	20	20	20	20	20	20	20	20	260
交際費	40	40	40	40	40	40	70	50	40	40	40	80	560
経費合計	187	187	175	183	183	183	225	205	195	193	195	237	2,348
利益	−67	−37	5	57	177	297	255	215	285	407	405	363	2,362

利益をチェック

第3章 知らないと損するかもしれない!? 大事なこと

　第2章でお話ししたことさえできるようになれば、会社は回ります。でも、せっかく会社をつくったのですから、今度は「節税」に興味がありませんか？

　節税は合法ですが、考え方を間違えると「脱税」になってしまい、大きなペナルティが待っているので、きちんとした考え方を覚えましょう。

　また、法人にしたからこそ得られるメリットや、逆に知らないと損してしまうこともあります。

　この章では知らないと損する、そして知っていたら得をするポイントをお話ししていきます。

● この章の目標

① 節税と脱税の線引きをきちんと理解する
② 合法的な節税のしかたを知る
③ 会社を守るしくみを知る

35 節税・脱税
その領収書は経費で落ちる？ 落ちない？

　経費を多く計上すれば、それだけ利益が減って税金が安くなります。だからといって何でも経費にしていいわけではありません。経費にもシロ・クロ・グレーがあります。その領収書が経費で落ちるのか落ちないのか、適切な判断ができるように何がシロで何がクロなのかを理解しましょう。

経費といっても使えばお金は減る

≪経費の使い途は慎重に

　いくらシロの経費であっても、使えば使うだけお金を払うことになります。節税のためだからといって、**たくさん経費を使えば、その分だけ現金が減る**ことを覚えておいてください。

　たとえば、決算が近くなって試算表を見てみたら、すごく利益が出ていたとします。利益が出ているので、税金もそれだけ多くなります。そこで考えるのは、お金が余っているのだから設備投資などにお金を使うことで経費を増やし、税金を減らすことです。老朽化した機材や導入すれば効率化できるであろう機械など、購入することによって生産性が上がったり利益に貢献する可能性が高いものに投資するのはシロの経費です。ものではなくても、新規営業のために接待をしたり、売上増加をねらって出張営業に行くのもいいでしょう。

　要りもしないものや税金が安くなるという理由だけで、何かを買ったり無駄に外食したりしても意味がありません。

≪税金対策よりも会社の体力をつけておく

　納税する税額というのは、利益に税率を掛けた金額です。**利益に税率を**

掛けるので、利益のすべてが税金で消えることはありません。税金を払った残りは会社のものです。残ったお金は会社の貯蓄として来年以降の体力になります。今後、何かあったときにその貯蓄に助けられることもあるはずです。

ところが税金を払いたくないからといって、利益分を経費として使ってしまえば、確かに税金は少なくなりますが、それではいつまで経っても手元にお金が残らず貧乏なままです。**今後の事業の安定や発展を望むなら、税金を払ってでも会社は体力をつけておくべき**です。

シロ・クロ・グレーの判断基準はどこにある？

≪シロの経費とは？≫

疑う余地なく経費になる領収書です。会社の設立費用や、税理士などの顧問報酬、会社で使う備品や文具などは経費にできます。仕事で使った交通費も経費です。要は事業を営むのに必要なものは、シロの経費です。

≪クロの経費とは？≫

税務上、絶対に認められない領収書です。領収書を偽造したり、使ってもいないのに架空の経費を計上したりするものです。白紙の領収書に自分で適当な金額と項目を書いても認められません。

≪グレーの経費とは？≫

事業をやっているとこのグレーに該当する経費が実はたくさんあります。誰かと会食をした場合、それが事業に関わる人との打ちあわせであればシロの経費になりますが、本当はプライベートの友人と会食したのに、経費にしたらこれはクロです。

クロとシロの両方にまたがる支出がグレーになります。ここの判断基準は難しく、お金を払った本人以外に判断ができないのですが、**基準としては「○○したことにして」という枕詞がついたらダメだと思ってください**。「打ちあわせしたことにして」友人と食事した費用、「事務所で使っているということにして」購入した自宅の家具や消耗品など、言い訳がつく経費はクロです。

こういう領収書は怪しい！

≪税理士も税務署職員も領収書を見ればわかる

　クロにかぎりなく近いグレーの領収書は、税理士や税務署職員が見ると何となくわかるものです。たとえば、自宅の近所のスーパーで頻繁に買い物をしていたら、いくら事務用品やお茶代などと書かれていてもその頻度によっては怪しいなと想像がつきます。日付や名前のない領収書や、あまりにキリのよい金額の高額領収書も怪しいです。

　「怪しい＝クロ」というわけではありませんが、クロでないならば、きちんと説明がつかなくてはいけません。1つでもクロが見つかれば、すべての領収書が怪しく見えてしまうので、**きっちりシロとクロの線引きをしておきましょう。**

≪❶ 品代と書かれた領収書

　何でもかんでも「品代」ですませてしまう人がいますが、何を買ったか具体的に書いてもらうようにしましょう。

≪❷ 割り勘にしたのに1枚の領収書

　仕事の打ちあわせでも、参加者で割り勘にした飲食代を全員分まとめて1枚の領収書でもらうのは経費になりません。

≪❸ 商品券

　何かのちょっとしたお礼に商品券を渡すことがあります。商品券も自分で使ったものは経費になりません。渡し先は記録しておきます。

≪❹ 多すぎる贈答品

　あちらこちらに「お見舞い」「お礼」「心づけ」などと贈答品を送ることがあります。その際、自分のものを買ったり、現金を包んだことにして自分で使ってしまったものは経費になりません。

≪❺ いつもはレシートなのに、たまに領収書がある

　毎回領収書ならともかく、いつもはレシートなのにたまに領収書で「品代」と書かれていると、事業と関係ないものを購入したのでレシートをつけられないのかと勘ぐられてしまいます。

≪❻ キリがよい金額

5万円、10万円など、現金を包んでいないのにキリがよい金額も不審です。

≪❼ 近所のスーパー

自宅や事務所近所のスーパーでの領収書があまりにも多いと、プライベートの買い物と混ざってしまう可能性があるので、自分の中できっちり使い分けるように意識しましょう。

≪❽ 自宅近くの飲食店

自宅が会社の近辺ならいいのですが、あまりにも離れているところにある場合、家族で食事したのでは？　と思われたりするので、会食した人や目的をはっきりできるようにレシートに裏書きしておきます。

経費で落ちる領収書

≪❶ ひとりでのお茶代

打ちあわせで割り勘だった場合はもちろんですが、会社や自宅だけでなくカフェで仕事をした場合のお茶代は経費になります。

≪❷ 出張手当（第3章42参照）

出張手当についての規定を事前につくっておけば、出張に行ったときに出張手当がもらえます。ただし、一般的に認められる金額の範囲（5千円から1万円）にしておきましょう。

≪❸ 自宅の家賃（第3章40参照）

自宅を会社名義で契約すれば、物件の大きさにもよりますが家賃の50％以上を経費にすることができます。

≪❹ 保険料（第3章43参照）

法人で契約した保険は、全部または一部を経費にすることができます。保険の種類によってどの程度経費になるかは異なります。

≪❺ キャバクラ

キャバクラであろうがレストランであろうが、事業に必要な接待で使用したのなら経費になります。

36 減価償却費・消耗品

消耗品と減価償却資産の分かれ目は10万円

物品を購入したときに、その金額によって「消耗品」か「減価償却資産」に分かれます。また領収書の金額の書き方によってその取り扱いが変わるので、分かれ目の金額の場合は要注意です。

消耗品の基礎知識

≪消耗品とは？

消耗品というと、一般的にティッシュペーパーとか文房具とか、日々消耗する品物のイメージがあるかと思いますが、**経理的には10万円未満の備品が消耗品**になります。

事業をはじめるといろいろな備品が必要になります。数万円までのものは関係ありませんが、10万円以上の備品を購入した場合は、それが資産になるのか費用になるのかを考えます。原則として、**1つの物品で10万円未満のものは「消耗品」として費用にすることができ、10万円以上の物品については資産に計上して、減価償却していくことになります。**

≪少額資産の一括償却

中小事業者の場合には「少額資産の一括償却」という制度が使えるので、**10万円以上30万円未満までの物品については、1年間にその合計額が300万円になるまで、その年に償却することができます。**

≪購入したものによっては領収書を分割する

たとえば同じ椅子を6脚購入し、その合計が10万円以上になったら、6脚をまとめて1つの物品として扱いますが、椅子3脚5万円、キャビネット2台5万円というように、違う物品の組みあわせなら、領収書を分けて

もらったり明細をつけてもらうことで、10万円未満の物品であることが明らかになれば、資産に計上せず消耗品にすることができます。

減価償却の基礎知識

≪減価償却とは？≫

一定以上の金額の資産（第6章75参照）を購入した場合、**その資産を使う期間（耐用年数）で購入金額を按分して経費にすること**です。耐用年数は法律で決められています。

● 耐用年数表（抜粋・第6章75参照）

品目	内容	耐用年数
事務机、事務いす、キャビネット	主として金属製のもの	15年
	そのほかのもの	8年
カメラ、映画撮影機、映写機、望遠鏡		5年
看板、ネオンサイン、気球		3年
一般の自動車	小型車（総排気量が0.66リットル以下のもの）	4年
	上記以外で貨物自動車、報道通信用以外のもの	6年
2輪・3輪自動車		3年
自転車		2年
パソコン		4年

参考：国税庁ホームページ＞耐用年数表
https://www.nta.go.jp/taxes/shiraberu/taxanswer/shotoku/pdf/2100_01.pdf

≪なぜ消耗品にしたほうがいいのか？≫

減価償却にしても最終的には購入代金のすべてが経費になりますが、お金を支払った年に全額経費にすることができません。その年に按分した金額だけが経費になります。赤字の場合には関係ありませんが、黒字の場合

には残りの金額は翌年以降の経費になるので、残りの金額分の税金がかかることになってしまいます。**消耗品で処理したほうが節税効果があります。**

購入した物品の価格は税込みで判断？税抜きで判断？

　物品の購入代金を税別価格にするのか税込み価格にするのかは、その会社が採用している消費税の取り扱い方法によって変わります。**消費税込経理を採用していれば物品の金額は税込み価格ですが、消費税抜経理をしていれば税抜き価格になります。**

　たとえば税別9万8,000円の物品を購入した場合、消費税込経理をしているかいないかで、消耗品になるか減価償却資産になるか変わってきます。

消費税込経理をしている場合
9万8,000円＋9,800円（消費税10％）
　　＝10万7,800円　← 減価償却費になる

消費税抜経理をしている場合
　　　　　9万8,000円　← 消耗品費になる

≪消費税が免税業者の場合

　支払った金額自体が取得価格になるので、10万7,800円となり、減価償却費となります。

---

column

「雑貨」は「雑費」ではない

　一般的に「雑貨」といわれるようなものを購入した場合、イメージ的に「雑費」という勘定科目を使いがちですが、雑貨も1品10万円未満の場合は消耗品です。

　ちなみに「雑費」とは、どの勘定科目にも該当しない「そのほかの費用」のことです。

37 資産・償却資産税

持っているだけで税金がかかる備品もある

ただ持っているだけで税金がかかる備品があります。不要なものを処分するのも節税になります。

課税対象になる償却資産と、ならない償却資産

≪償却資産税とは？≫

固定資産税のひとつで、事業用資産に課税される税金（地方税）です。これは償却資産を所持していることに課税されるものなので、赤字でも申告が必要です。毎年1月1日現在の所有資産について課税されます。

● 課税対象の償却資産 例

品目	内容
構築物	舗装路面、庭園、門、塀、看板、内装、内部造作、そのほかの建築設備
機械および装置	製造設備の機械および装置、クレーンなどの建設機械、機械式駐車設備
船舶	ボート、釣船、漁船、遊覧船
航空機	飛行機、ヘリコプター、グライダー
車両および運搬具	大型特殊自動車
工具、器具および備品	パソコン、陳列ケース、ネオンサイン、医療機器、測定工具、金型、衝立、家具など

≪課税対象にならない資産

- 自動車税、軽自動車税の課税対象となるもの
- ソフトウェアや特許権などの無形固定資産
- 繰延資産
- 少額資産

　少額資産については申告の必要はありません（減価償却とは異なります）。償却資産の少額資産に該当するものは、次のとおりです。

- 10万円未満の資産で1度に経費とした資産
- 20万円未満の資産のうち、3年間で一括償却した資産

償却資産の申告と納付

≪償却資産の申告と納期

　毎年12月ごろに書類が届くので、1月1日現在の住所地の道府県税事務所に、1月31日までに申告書を提出します。償却資産税の納期は4期に分割され、6月、9月、1月、2月になります。償却資産税の税率は1.4%です。課税標準額に1.4%を掛けた金額が課税されます（100円未満切り捨て）。

≪償却資産税の免税対象

　課税標準額が150万円未満の場合には免税となります。**課税標準額とは、取得価額ではなく、取得した日から減価償却した分を引いたあとの金額**をいいます。

≪使っていない資産

　使っていない資産であっても、所有していれば課税されるので、使用する見込みのない資産は処分することで節税ができます。

38 消費税・免税業者
免税業者でも消費税を請求できる？

自社が免税業者の場合、消費税を乗せて請求してもいいのでしょうか？

免税業者の基礎知識（第6章81参照）

≪免税業者とは？≫

2年前の売上高が1,000万円以下なら、その年の消費税を納める義務が免除されます。上半期の売上による判定もありますが、ほとんどの場合、支払給与が1,000万円に満たないため免除されます。

資本金1,000万円未満の新設法人については、多くの場合、最初の2期は基準期間がないので、自動的に免税業者となります。

≪基準期間とは？≫

「**前々事業年度（2年前）**」をいいます。会社の場合、前々事業年度が設立直後などの理由で、**事業年度が1年未満になる場合、基準年度の「課税売上」を1年分に換算して判定します。**

たとえば初年度（1期目）が8カ月間しかなく、その間の売上高が800万円だったとしたら、800万円 ÷ 8カ月 × 12カ月 ＝ 1,200万円となり、2年後（3期目）は消費税の課税業者となります。

課税売上の計算方法

≪課税売上とは？≫

課税売上には、国内売上のほかに輸出売上を含みます。ただし、土地の譲渡や住宅用家賃は課税売上に含みません。

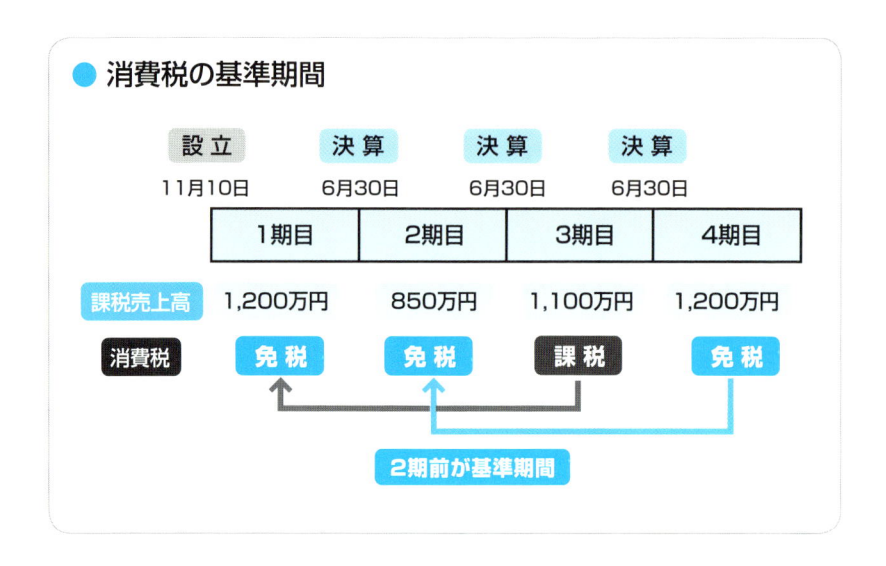

```
● 消費税の基準期間

  設立      決算      決算      決算
 11月10日   6月30日   6月30日   6月30日
  ┌───────┬───────┬───────┬───────┐
  │ 1期目  │ 2期目  │ 3期目  │ 4期目  │
  └───────┴───────┴───────┴───────┘
課税売上高 1,200万円  850万円  1,100万円 1,200万円
 消費税   免税    免税    課税    免税
                    ↑        ↑
                    └────2期前が基準期間────┘
```

≪課税売上に消費税額は含むの？

　原則として課税売上に消費税は含みませんが、基準期間が免税業者であった場合には消費税を含めて判定します。

免税業者の消費税の取り扱い

≪免税業者も消費税をもらっていい

　設立後の2期間や基準年度の売上が1,000万円以下の場合には免税となりますが、**商品を販売するときに消費税を乗せてかまいません。**逆に年度によって乗せたり乗せなかったりするほうが不自然ですし、周りの人に2年前の売上を教えているようなものです。

≪消費税の計算方法（原則）

　消費税の計算は原則として「**預かった消費税 － 支払った消費税**」です。
　たとえば売上高が1,000万円（税抜）で、経費に支払った費用が800万円（税抜）だった場合、売上に含まれる消費税（預かった消費税）は1,000万円 × 8％ ＝ 80万円、支払った消費税は800万円 × 8％ ＝ 64万円になるので、80万円 － 64万円＝16万円が支払うべき消費税の額となります。**免税業者の間は、この16万円を支払わなくていいということになります。**

● 消費税の計算方法

売上 1,000万円
経費 800万円
消費税 80万円
消費税 64万円
16万円

「80万円 − 64万円 ＝ 16万円」
本来はこの差額を納税しますが、免税業者は納税しなくていいことになります

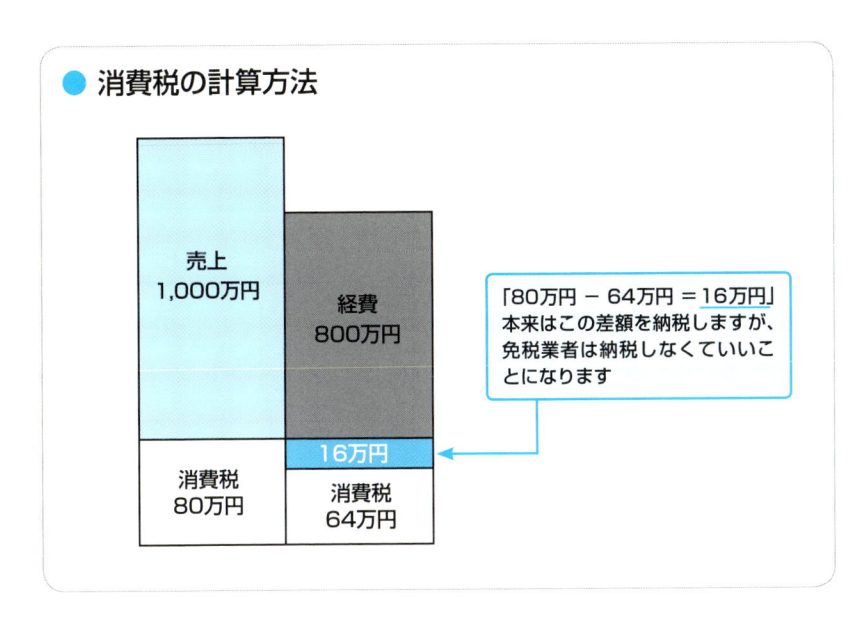

2023年10月からの消費税のインボイス制度

　2023年10月から消費税のインボイス制度が始まります。
　支払う消費税の金額は原則として「仮受消費税-仮払消費税」ですが、この仮払消費税を引くことを「仕入税額控除」といいます。
　「仕入税額控除」を受けるには、インボイス制度のもとでは適格請求書（インボイス）を保存する必要があり、このインボイスを発行できる事業者になるためには事前に税務署に登録しなければなりません。登録した事業者は消費税の申告が必要です。
　もし自分が免税業者である場合は、このインボイス発行事業者の登録をする必要がないのですが、支払いをしてくれる人はその分の消費税を控除できず負担が増えます。
　そのため、免税であることを理由に取引を断られることや、現在は売上に上乗せしている消費税分をもらうことができなくなる可能性があります。
　状況によっては免税業者であっても、あえてインボイス登録をして消費税を申告する方が得になるかもしれません。
　登録は既に開始されており、2023年10月の開始時点から登録事業者になるためには2023年3月末までに登録をする必要があります。

39 給与・外注費

給与と外注費の違い

仕事に対する対価として支払う給与や外注費ですが、天引きする税金や消費税の取り扱いが異なります。

給与と外注の基礎知識

≪給与とは？（第5章64参照）
会社で働く従業員などが、労働の見返りとして事業主から支払われる**すべてのもの（通勤手当などの手当ても含む）**をいいます。「雇用契約」に基づいて支払われます。

≪外注費とは？
会社の業務の一部を外部の業者へ委託した費用をいいます。「請負契約」に基づいて支払われます。

給与と外注費の税務上の違い

≪給与の税金は源泉徴収をする（第5章68参照）
正社員にかぎらず、アルバイトやパートタイマーも含めて、**すべての給与支給時に所得税の源泉徴収をしなければなりません。**また、給与には消費税がかかりません。

≪外注費には消費税がかかる
外注費には、原則として源泉徴収は必要ありません（ただし、特定の報酬、料金については源泉徴収が必要です）。また、**外注先への支払いは消費税がかかります。**また、外注の人に対する社会保険の加入義務はないので、

社会保険の会社負担額分だけ経費が減ります。

　外注費として処理していた費用を、税務調査の際に給与だと判定されると、外注費にかかる消費税とさらに源泉徴収しなかった所得税が徴収されます。さらに、延滞税や加算税も課税されます。

給与と外注費の判定のしかた

≪❶ 契約内容で判定する

　給与と外注費については会社が勝手に決めていいものではなく、契約内容や業務実態によって判定します。

　「**給与は雇用契約**」「**外注費は請負契約**」ということに注意しましょう。ただし、契約書があればそれで大丈夫というわけではなく、**どちらにしていいかわかりにくいときは、「業務の実態」で判定します。**

≪❷ 業務の実態で判定する

　その契約に係る業務を他人が代替して行うことができるのか？　という判定です。「**代替できるものは外注費**」となります。

≪❸ 請求書の有無で判定する

　外注費の場合、外注先は自ら請負代金を計算し請求書を発行します。**請求書がなく、請求金額も発注元が時間単位などで計算して支払っている場合には給与とみなされる**可能性があります。

≪❹ 指揮監督命令を受けているか？

　外注の場合は、発注元の指揮監督命令を受けません。外注の場合は自ら業務の進行や手順を自由に決められます。**指揮監督命令を受けている場合には、給与とみなされる**可能性があります。

≪❺ 引き渡しをしていない完成品が不可抗力で消失した場合に、報酬の請求ができるか？

　外注の場合、仕事を納品できなかった場合には支払いはありません。

≪❻ 材料や用具の提供がされているか？

　外注は自分で材料や用具を準備しますが、給与の場合は会社から支給されます。

外注費の源泉所得税の計算方法

　支払先が個人の場合は、特定の事業に対する報酬について天引きします。天引きが必要なもので主要なものは次のとおりです。

> ❶ 原稿料や講演料など
> ❷ 弁護士、公認会計士、税理士など士業に支払う報酬
> ❸ プロのスポーツ選手、モデルや外交員などに支払う報酬
> ❹ 芸能人や芸能プロダクションを営む個人に支払う報酬
> ❺ バンケットコンパニオンやホステスなどに支払う報酬
> ❻ 広告宣伝のための賞金など

　この源泉徴収するべき報酬や料金については、国税庁のサイトにある「源泉徴収が必要な報酬・料金等とは」(https://www.nta.go.jp/taxes/shiraberu/taxanswer/gensen/2792.htm) を参照してください。

源泉徴収した所得税はいつ納付する？

　会社が弁護士や税理士、社会保険労務士など個人（フリーランス）に報酬を支払うときは、給与と同じく所得税を源泉徴収しなければなりません。そのほか原稿料や講演料、翻訳や通訳への報酬も源泉徴収が必要になります。

　このうち弁護士や税理士、社会保険労務士への報酬から徴収した源泉所得税は、納付特例（第5章68参照）を受けていれば従業員の源泉所得税と一緒に半年に1回納付すればいいことになっています。ただしそれ以外（フリーのデザイナーやカメラマンなど）への報酬を支払ったときは、納付特例を受けていても翌月の10日までに納付しなければなりません。

≪源泉所得税の納付は絶対遅れない！

　源泉所得税の納付期限は必ず守りましょう。ほかの税金と違い、源泉所得税は他人の所得税を一時預かりしていることになるので、納付が遅れると厳しい罰則があり、1日でも遅れると10%の不納付加算税がかかります。また納期の特例を受けている場合、特例を取り消される可能性があります。

40 自宅・社宅・経費割合

社長の自宅は社宅がお得？

社長に社宅を貸与して会社の経費にすることができますが、ただで貸してはいけません。

社長の自宅を社宅にするメリット

≪❶ 会社で購入する場合

会社が住宅を取得し、社長に社宅として貸しつけた場合、**その住宅は会社の資産として「土地」「建物」に計上され、毎年、減価償却していきます。その減価償却費だけではなく、固定資産税や維持費も経費になります。**これらは個人で購入しても経費にすることはできません。

≪❷ 会社で借りる場合

購入しなくても、会社がその住宅をいったん法人契約して社長に社宅を貸すという「借り上げ社宅」にすることができます。この場合、**家賃の支払いは会社の経費になります。**ただし、社長がすでに購入した家を会社が借り上げて、さらに社長に貸してもメリットはありません。

社長の社宅家賃はいくらにする？

≪家賃は社長から絶対に受け取る

いずれの場合でも、社長から家賃を受け取らなければなりません。**受け取り家賃が税法で決められた金額よりも少ない場合には、社長に対する役員賞与とみなされてしまいます。**家賃の決め方は、まず住宅の広さなどによって次頁の3種類に分類します。

> ❶ **小規模社宅とは**：建物の耐用年数が30年以下の場合は家屋の床面積が132㎡以下、建物の耐用年数が30年超の場合は家屋の床面積が99㎡以下のもの
> ❷ **小規模社宅以外の社宅**：小規模社宅にも豪華な社宅にも該当しないもの
> ❸ **豪華な社宅**：家屋の床面積が240㎡超または240㎡以下のものでも、プールや役員個人の嗜好を著しく反映した設備を有するもの

社宅の家賃の計算方法

≪❶ 小規模社宅

次の❶～❸の**合計額**で計算します。

> ❶（その年度の建物の固定資産税の課税標準額）× 0.2%
> ❷ 12円 ×（その建物の総床面積（㎡）÷ 3.3㎡）
> ❸（その年度の敷地の固定資産税の課税標準額）× 0.22%

もし賃貸物件などで、固定資産税の課税標準額がわからない場合には、会社が支払っている家賃の50%を社長の家賃とします。

≪❷ 小規模社宅以外の社宅

次の❶と❷の**うちいずれか多い金額**を社長の家賃とします。

> ❶ 次の（A）と（B）の合計額
> （A）（その年度の建物の固定資産税の課税標準額）× 12% × $\frac{1}{12}$
> （B）（その年度の敷地の固定資産税の課税標準額）× 6% × $\frac{1}{12}$
> ❷ 会社が支払っている家賃の50%

≪❸ 豪華な社宅

一般的な市場価格の家賃と同じ金額を、社長の家賃とします。

41 社宅・経費割合

従業員に社宅を
タダで貸してはダメ

従業員に社宅を貸与して会社の経費にすることができますが、タダで貸してはいけません。

従業員社宅のメリット

≪従業員は手取り収入が増える

従業員にとっては家賃の負担が少なくなり、可処分所得（手取り収入）が増えます。「住宅手当」として給与に上乗せして住宅費を補てんする方法もありますが、住宅手当は給与の一部とみなされるので、所得税や社会保険料が上がってしまいます。

≪会社側のメリット

社宅費用は会社の経費になります。ただし、必ず一定額以上の家賃を従業員から受け取らなくてはなりません。また住宅手当の支給と違って、給与に含まれないので、会社の社会保険料負担額が増えません。

従業員の社宅家賃の計算方法

≪❶ 固定資産税の課税標準額がわかる場合

次の❶〜❸の合計額で計算します。

❶（その年度の建物の固定資産税の課税標準額）× 0.2%
❷ 12円 ×（その建物の総床面積（㎡）÷ 3.3㎡）
❸（その年度の敷地の固定資産税の課税標準額）× 0.22%

≪❷ 固定資産税の課税標準額がわからない場合

賃貸物件を社宅にして、固定資産税の課税標準額がわからない場合、**支払家賃の半分以上を社宅家賃として受け取っていれば問題ありません。**

従業員に社宅を無償で貸与することも可能

住宅手当を支給した場合や入居者が直接契約している場合の家賃負担は、社宅の貸与と認められないので給与として課税されます。ただし、看護師や守衛など、仕事をするのに勤務場所と離れて住むことが困難な従業員に対して、**仕事に従事させる都合上、社宅や寮を貸与する場合には、無償で貸与しても課税されない**場合があります。

駐車場は自己負担

従業員社宅に付随する駐車場がある場合、その駐車場代は、家賃とは別に従業員の全額負担になります。もし会社が負担しているのであれば、その駐車場代は従業員の給与に加算することになります。ただし、駐車場代がマンションの管理費に含まれている場合は家賃に含められます。

共同生活している場合の光熱費

社宅として借りている部屋に複数の従業員が共同生活をしていて、その部屋の電気、ガス、水道などの料金が各人いくらかわからない場合には、その全額を会社が負担して問題ありません。反対に、各人ごとの使用料が明確な場合には、それぞれ自己負担しなければなりません。

食事代はいくらまで負担できる？

役員や従業員の食事代は、次の条件を満たす範囲で支給できます。

> ❶ 役員や従業員が食事代の半分以上を自己負担すること
> ❷ 食事代 − 自己負担額 ≧ 3,500円（税抜・1カ月）

この食事代は「**福利厚生費**」として経費になります。ただし、**残業や宿直などの食事代は、全額会社が負担してもかまいません。**

42 出張手当・消費税・経費・給与
出張手当はみんなが得をする

出張規定を作成して出張手当を払うと会社の経費にもなり、もらった人も所得税が課税されないのでお得です。

出張手当のメリット

≪出張手当とは？

旅費、宿泊費に含まれていない出張中の少額の雑費の支払いに充てるものです。会社の役員や従業員が出張に行った際に、出張旅費規程に基づいて出張手当を支払うと、会社にも従業員にもメリットがあります。

≪❶ 会社のメリット

出張手当は、会社の「**旅費交通費**」として経費にすることができます。また、出張手当は消費税の課税仕入れに該当するので、消費税の計算をするとき、出張手当にかかる消費税分が安くなります。固定で払うので、出張精算の手間が省けます。

≪❷ 従業員のメリット

出張手当は通常の給与と違って、所得税がかかりません。給与に含まれないため、社会保険料が上がることもありません。そのため、住民税の計算にも含まれません。

≪❸ 注意点

出張手当として非課税になるためには、その出張について通常必要であると認められる金額でなければなりません（次頁参照）。高額すぎると給与として課税されてしまいます。また海外出張の場合には、消費税の課税仕入れにはできません。

出張手当を支払うために必要な要件

≪❶ 規程が必要
　出張手当が非課税になるためには、就業規則に「**出張旅費規程**」を作成しておく必要があります。

≪❷ 適正なバランス
　まず出張手当の金額が、役員から従業員まで適正なバランスが取れている必要があります。通常は、役職によって金額の基準を設けます。

≪❸ 適正な金額
　出張手当の金額が、同業他社などの金額と比べて高額すぎると課税されてしまいます。

出張旅費規程には何を盛り込んだらいいの？

≪❶ 対象者を決める
　役員のみに支給することは認められていないので、対象は全社員です。通常は役員および正社員を対象にします。

≪❷ 出張の定義を決める
　出張に該当するのは、どのくらいの距離からか定めておきます。
　「通常の勤務地から目的地まで片道○○km以上の場所に移動して職務を遂行する」などと決めます。日帰り出張と宿泊出張を分ける場合には、日帰り出張は片道50km以上、宿泊出張は150km以上といったように距離に差をつけます。

≪❸ 旅費の種類を決める
　旅費の中には、交通費、日当、宿泊費などが含まれます。また利用できる交通機関を定めます。

≪❹ 宿泊費の限度額を決める
　役職によって上限を決めます。

≪❺ 日当の計算方法を決める
　役職によって金額を変えます。出発の日から帰着までの日数で計算しま

す。

≪❻ 精算方法などを決める

そのほか、出張旅費の精算期限や必要書類、仮払いの申請方法など、会社によって必要なものを決めます。

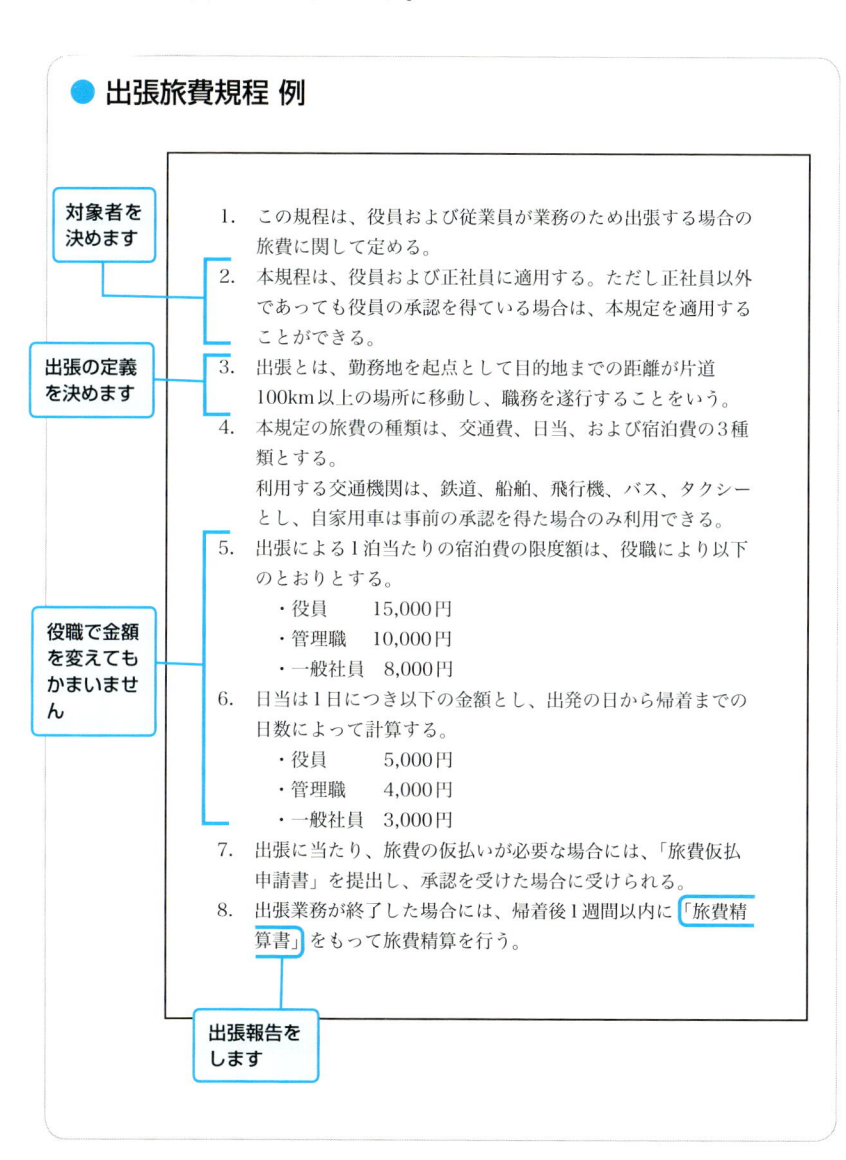

● 出張旅費規程 例

[対象者を決めます]

1. この規程は、役員および従業員が業務のため出張する場合の旅費に関して定める。
2. 本規程は、役員および正社員に適用する。ただし正社員以外であっても役員の承認を得ている場合は、本規定を適用することができる。

[出張の定義を決めます]

3. 出張とは、勤務地を起点として目的地までの距離が片道100km以上の場所に移動し、職務を遂行することをいう。
4. 本規定の旅費の種類は、交通費、日当、および宿泊費の3種類とする。
  利用する交通機関は、鉄道、船舶、飛行機、バス、タクシーとし、自家用車は事前の承認を得た場合のみ利用できる。

[役職で金額を変えてもかまいません]

5. 出張による1泊当たりの宿泊費の限度額は、役職により以下のとおりとする。
   - ・役員　　15,000円
   - ・管理職　10,000円
   - ・一般社員　8,000円
6. 日当は1日につき以下の金額とし、出発の日から帰着までの日数によって計算する。
   - ・役員　　5,000円
   - ・管理職　4,000円
   - ・一般社員　3,000円
7. 出張に当たり、旅費の仮払いが必要な場合には、「旅費仮払申請書」を提出し、承認を受けた場合に受けられる。
8. 出張業務が終了した場合には、帰着後1週間以内に「旅費精算書」をもって旅費精算を行う。

[出張報告をします]

43 保険料・保険積立

生命保険は
会社の経費になる？

個人で生命保険に加入しても税金の優遇メリットには上限がありますが、法人で加入すれば上限はありません。

生命保険は個人で加入しても節税メリットはあまりない

個人名義で生命保険に加入した場合、所得税の生命保険料控除には限度額があり、年間10万円以上の保険料を支払っても、最大5万円の所得控除しかありません。5万円の所得控除というのは5万円の節税ではなく、5万円に自分の税率を掛けた金額の節税です。たとえば10％の所得税率の人の場合は、年間5,000円の節税にしかなりません。

退職金、年金制度として活用する

企業型確定拠出年金（401k）として、保険を使うこともできます。会社はあらかじめ定めた金額を毎月掛金として支払い、経費にできます。従業員ごとに掛金は管理されるので、従業員は自由に運用商品を選べます。

節税のために保険を活用する

≪経費にできる保険の種類

すべての保険が経費にできるわけではなく、貯蓄性があって一定額が経費（損金算入）にできる保険（次頁参照）の場合、その分だけ税金を減らすことができます。また決算ギリギリでも、**保険料を支払ってしまえば経**

費にできるので、決算日直前でできる節税方法のひとつでもあります。

● 経費にできる保険一覧

逓増定期保険	契約時の保険金額が年を経るごとに一定金額まで増加するため、途中解約する
長期平準定期保険	長期の保険期間のため、退職金や経営者の死亡保障として活用する
養老保険	死亡時には遺族、満期時には法人が保険金を受け取ることにより、支払保険料の2分の1を経費にできる
医療保険	経費で保険料を支払い、給付金を受け取った際には慶弔見舞金などとして従業員に給付する。保険料支払い終了後に個人に名義変更すると、個人は保険料を支払わずに医療保障を受けられる

≪節税にならない場合

　保険を解約して解約返戻金が出ると、その金額は課税の対象となります。解約時に退職金の支払いや赤字の補てんなど、使い途があればその利益が消えるので、経費となった掛金分の節税はできますが、**使い途がない場合には課税されます**。

事業承継の際の対策として

≪事業資金の準備

　社長が亡くなった場合、取引銀行から借入金の条件変更を持ち出されたり、経営者が変わることによって取引中止や取引条件の変更をされたりすることがあります。そのときのための事業資金として、社長に死亡保険金をかけておくという方法があります。

≪残された遺族のための保障

　社長が在任中に亡くなった場合、会社は死亡退職金を支給することができます。退職金に対する所得税の課税は、通常の給与などに比べて格段に優遇されているため、手取り金額が多くなります。

≪退職金支給時の収支悪化を防ぐ

　生命保険は解約したときに雑収入として課税対象となりますが、社長の退職時期に解約することで退職金として支出すれば、課税対象にならずにすみます。また、保険の返戻金は簿外貯金なので、会社の資金繰りに影響がありません。

44 社長借入・社長貸付・貸付利息

会社から借金したら利息がつく

社長が会社にお金を貸したら利息はもらわなくてもいいですが、逆に借りたときには利息を払わなければなりません。

会社からお金を借りたら利息をつけて返す

≪社長なのになぜ利息を払うのか

会社というのは営利を追求する団体なので、会社の利益にならない行為をしてはいけません。ですから、**社長といえども利息なしでお金を貸すことはできない**のです。無利息で貸しつけると、その利息分は役員に対する給与や賞与として所得税が課税されてしまいます。ただし、合理的な理由があれば無利息でも課税されません。たとえば災害や疾病などで、臨時的に多額な生活資金が必要になった場合に貸した金額については、その返済期間が合理的であれば問題ありません。

≪貸付利率はちゃんと決められている

貸付利率は年に1％になります（令和3年4月1日現在法令等：国税庁のサイト：https://www.nta.go.jp/taxes/shiraberu/taxanswer/gensen/2606.htm）。

ただし、会社に金融機関などからの借入金がある場合、その借入金から役員に貸しつけた場合には、その借入金と同じ利率にしてかまいません。法人向けの銀行ローンのほうが金利が安い傾向にあるので有利に借りることもできますが、無駄な利息を払わずにすむようこまめに帳簿をつけて、社長貸付が発生したらなるべく早く返済するようにします。

会社にお金を貸したら利息はどうする

≪会社から利息を取ってはいけないの？

役員が会社にお金を貸した場合、その利息はもらってももらわなくてもどちらでもかまいません。もし利息をもらった場合には、原則として雑所得として所得税の確定申告が必要になります。一般的には、**資金不足の場合に役員から借入れをするので、利息を払うことはあまりありません**。

≪利率は自由に決められる

原則的には自由に決めてかまいませんが、金利があまりにも高すぎる場合には役員に対する給与または賞与とみなされます。目安としては、**金融機関から借りる場合の市中金利が上限**となります。

社長から借入れした場合の解消方法

売上が入金されるまでに支払う経費のためなど、短期的な資金繰りのために借りたお金であればすぐに返済できるはずです。その都度返済して、借入金自体をなるべく早く返すようにします。

≪なかなか返せないなら債権を放棄してしまおう

多くの場合、社長から借りたお金を早急に返済することは難しいです。このまま置いておいても借入金という借金が増えるばかりなので、社長が「**債権放棄**」するという選択肢があります。ただし、債権放棄した分は会社の利益となるので、その期の損失や過去の赤字の繰越（繰越欠損金）が債権放棄した金額よりも多くないと法人税がかかってしまいます。

≪役員報酬を減額して返済に充てる

決算後に役員報酬の改定を行い、役員報酬自体を下げます。下げたその分で借入金の返済を行います。ただし、**借入金の返済は経費にならないので、役員報酬を下げた分だけ会社の利益が増える**ことになります。

45 小規模企業共済・中小企業基盤整備機構

小規模企業共済で節税できるって本当？

　小規模企業共済は、中小企業経営者の退職金積立や年金代わりに掛ける共済です。会社ではなく個人の所得税の控除に大きな節税効果があります。会社からの給与の額が増えてきたら、ぜひ入っておきましょう。

小規模企業共済の基礎知識とメリット

≪小規模企業共済とは？

　小規模企業の個人事業主や会社の役員が退職する場合に、それまで積み立ててきた掛金を受け取れる共済制度です。小規模企業共済法に基づき、独立行政法人中小企業基盤整備機構が運営しています。掛金は法人ではなく個人負担なので、所得税、住民税が安くなります。

≪掛金が全額、所得控除となる

　掛金は全額、所得税の所得控除になります。たとえば、生命保険に年間50万円支払っていても、所得控除は最大5万円ですが、小規模企業共済に50万円支払っていたら50万円全額が所得控除になります。もし、この50万円を普通に銀行などに貯金していたら、何の控除も受けられません。

≪「退職金」か「年金」として受け取る

　共済金を受け取る方法は、**退職金として一括で受け取るか、年金として分割で受け取るかが選択できます。**退職金として受け取ると、給与に比べてとても少ない所得税ですみます。また年金として受け取っても、年金の課税は給与に比べて優遇されているのでお得です。

　ただし、受け取る時期によってはこのような優遇を受けられない場合もあります。

● 小規模企業共済の加入資格

	資　格
❶	建設業、製造業、運輸業、サービス業（宿泊業、娯楽業にかぎる）、不動産業、農業などを営む場合は、常時使用する従業員数が20名以下の個人事業主または会社の役員
❷	商業（卸売業、小売業）、サービス業（宿泊業、娯楽業を除く）を営む場合は、常時使用する従業員数が5人以下の個人事業主または会社の役員
❸	事業に従事する組合員の数が20人以下の企業組合の役員や常時使用する従業員数が20名以下の協同組合の役員
❹	常時使用する従業員数が20名以下であって、農業の経営を主として行っている農業組合法人の役員
❺	常時使用する従業員数が5人以下の弁護士法人、税理士法人などの士業法人の社員
❻	上記❶、❷に該当する個人事業主が営む事業の経営に携わる共同経営者（個人事業主1人につき2人まで）

● 小規模企業共済の加入手続きの流れ

	手　順	内　容
❶	必要書類の入手	❶ 中小企業基盤整備機構の書類、❷ 個人事業主の場合は所得税の確定申告書、❸ 法人の場合は登記簿謄本、❹ 申込金、❺ 前納掛金
❷	書類に記入	各用紙の必要事項を記入する
❸	加入申し込み	加入申し込みは、中小企業基盤整備機構の業務を取り扱っている委託団体または金融機関の窓口で行う
❹	中小機構へ送付	書類と申込金は、金融機関が中小機構へ送付する
❺	中小機構の審査機関	約40日かかる
❻	共済手帳の受け取り	手続き終了後、中小企業基盤整備機構から共済手帳が送られてくる

掛金は自由に選べる

　掛金は月々1,000円から7万円までの範囲内（500円単位）で自由に設定できます。また掛金月額は500円単位で、7万円まで増額していくこ

とも可能です。また次のいずれかの理由により、掛金の納付の継続が困難であると認められた場合にかぎって、1,000円まで減額できます。

- 事業経営の著しい悪化
- 疾病または負傷
- 危急の費用の支出
- 売上の減少、支出の増加などにより、事業経営の著しい悪化が見込まれるとき

掛金の納付は、月々預金口座振替になります。また掛金の払い込み方法は「月払い」「半年払い」「年払い」で選択できます。掛金は前納でき、一定割合の前納減額金が受け取れます。

> 中小企業の社長の退職金は、自分で積み立てるしかありません。小規模企業共済は節税効果＋将来への"簿外貯金"です。

column

年末ぎりぎりの加入で84万円の節税になる

　小規模企業共済への加入手続きは、中小企業基盤整備機構の業務を取り扱う委託団体または金融機関の12月の最終営業日までに窓口で手続きを行えば、その年の所得控除の対象となります。

　年末ぎりぎりに最高限度額の7万円を年払いにすれば84万円の所得控除を受けられることになります。

46 中小企業倒産防止共済・経営セーフティ共済

経営セーフティ共済で取引先の倒産から守られる

経営セーフティ共済（中小企業倒産防止共済）に加入すると会社の経費になり、節税効果があります。取引先の倒産で資金繰りが悪くなったときも貸しつけが受けられますし、12カ月以上かければ解約してお金も戻ってくるので、会社が黒字になったら加入を検討しましょう。

経営セーフティ共済の基礎知識とメリット

≫経営セーフティ共済とは？

取引先の倒産の影響を受けて、中小企業が連鎖倒産や経営難に陥ることを防止するための共済制度です。中小企業倒産防止共済法に基づき、独立行政法人中小企業基盤整備機構が運営しています。また、掛金が法人税法上の損金（経費）もしくは所得税法の必要経費になるメリットがあります。

≫共済金の貸しつけが受けられる

取引先事業者の倒産の際には、無担保、無保証人で最高8,000万円まで共済金の貸し付けを受けられます。

また、取引先事業者の倒産の事態が発生していなくても、一時貸付制度を利用することで、解約手当金の範囲内で臨時に必要な事業資金の貸しつけが受けられます。

≫12カ月以上の払い込みで、解約手当金が出る

任意解約の場合、払込期間が12カ月以上あれば減額はされますが、最低80％の解約手当金が出ます。40カ月以上払い込めば満額となります。

≫掛金は自由に選べる

掛金は月々5,000円から20万円までの範囲内（5,000円単位）で自由に選択でき、掛金総額が800万円に達するまで積み立てることができます。

加入手続き

　加入手続きは会員となっている商工会、商工会議所、中小企業団体中央会、中小企業の組合などの委託団体、または現に融資取引のある金融機関の本支店の窓口で行います。手続きを行う窓口によって必要な手続きが異なるので、それぞれの窓口で確認をしてください。

≪必要書類

次の3つの書類が必要になります。

- ❶ 中小機構の契約申込書
- ❷ 預金口座振替申出書
- ❸ 重要事項確認書兼反社会的勢力の排除に関する同意書

≪提示書類

　委託団体または金融機関の求めにより、次の3つの書類の原本の提示が必要となります。

- ❶ 発行から3カ月以内の登記事項証明書
- ❷ 所轄税務署の受付印がある法人税の確定申告書一式
- ❸ 法人税を納付したことを証する納税証明書または納税の領収書

● 加入資格

	加入要件など	資　格
❶	加入要件	引き続き1年以上業務を行っている中小企業者で、会社または個人の事業者（業種により資本金と従業員数による制限あり）、もしくは企業組合、協同組合など
❷	加入拒絶要件（❶の加入要件を満たしていても、右のような場合には加入できない）	・住所などを頻繁に変更したため、継続的な取引状況の把握が難しい場合 ・事業にかかる経理内容が不明な場合 ・すでに貸しつけを受けた共済金または一時貸付金の償還を怠っている場合 ・中小機構から返還請求を受けた共済金などの返還を怠っている場合 ・納付すべき法人税または所得税を滞納している場合

第4章 そろそろ人を雇おう

　会社が軌道に乗ってくると、1人では仕事を回しきれなくなってきます。あるいは最初から何人か人を雇っているケースもあるかもしれません。当然のことですが、人を雇うということは重い責任を伴います。いろいろな手続きが急に増えるので、漏らさないように注意しましょう。

　この章では、人を雇うとき会社はまず何をすべきかということと、知らなければいけないことを整理します。

● この章の目標

> ❶ 会社が負うことになる法的な責任について知る
> ❷ 人を雇ったとき、給与以外のコストがどのくらいかかるのかを知る
> ❸ 求人のしかたと人を雇うときの手続きについて知る
> ❹ 助成金の活用のしかたについて知る

　サラリーマン時代には正しいと思っていたことが、意外と違うかもしれませんね。

47 労働保険・労災保険

労災保険について知っておこう

　たとえパートタイマーであっても、従業員を1人でも雇ったら労働保険（労災保険、雇用保険）に加入しなければなりません。特に労災保険は未加入のままでいると、万が一事故が起こった場合、会社に重いペナルティがかかるので真っ先に加入しましょう。

労働保険の基礎知識

≪労働保険とは？

　国が運営している保険を一般に社会保険といいますが、狭義の考え方では「健康保険・介護保険・厚生年金保険 ＝ 社会保険（第1章19参照）」「労働者災害補償保険・雇用保険 ＝ 労働保険」と呼びます。

● 社会保険（広義）とは

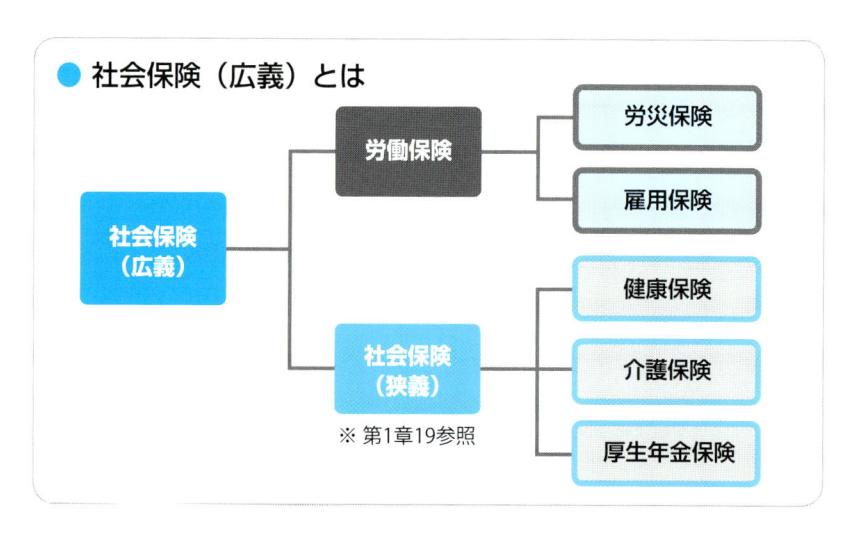

- 社会保険（広義）
  - 労働保険
    - 労災保険
    - 雇用保険
  - 社会保険（狭義）
    - 健康保険
    - 介護保険
    - 厚生年金保険

※ 第1章19参照

労災保険の基礎知識

≪労災保険とは？

労働者災害補償保険（以下労災保険）は、**従業員が仕事中または通勤途中にケガをしたり、病気になったり、もしくは死亡した場合に被災した従業員やその遺族に対して保険給付を行うもの**です。

≪従業員を雇ったら必ず加入

法人か個人事業主かは問わず、**従業員を雇ったら必ず加入しなければなりません**。対象となる従業員は正社員、パートタイマー、アルバイトなど雇用形態に関係なく、たとえ１日だけの契約で雇っている従業員でも業務災害（通勤災害）が発生すれば保険給付を受ける資格があります。保険料は全額事業主負担となりますが、社会保険と比べるとかなり低額の保険料で加入することができます。

≪事業主や役員は要注意

社会保険と違い、**労災保険は特別加入をしないかぎり事業主や役員は加入することができません**（第１章20参照）。

≪加入手続きのしかた

従業員ごとに加入するのではなく、会社として加入します。事業所の住所を管轄する労働基準監督署に、「**労働保険　保険関係成立届**」「**労働保険概算保険料申告書**」を提出します。

≪未加入の期間に労災の事故が起きたら

事業主の故意、過失、認識不足などにより、労災保険加入の手続きをしていない段階で労災事故が発生してしまった場合でも、**労働基準監督署に労災保険の給付を請求することができます**。ただしこのような場合には、さかのぼって保険料を徴収されるほか、保険給付にかかった費用を徴収されるなど、事業主に重いペナルティが課せられることになるので、**従業員を雇ったら、労災保険は最優先で加入する**ようにしましょう。

≪労災保険は使わないと損？！

労災保険を使うと、保険料が高くなるから使いたくないという社長がときどきいますが、労災保険を使うことで保険料が上がるしくみ（メリット制）が適用されるのは、大企業だけです。仕事中にケガをした従業員がいたら、速やかに労災保険の手続きを取りましょう。

141

48 労働保険・雇用保険・助成金

雇用保険について人を雇う前に知っておこう

雇用保険は労災保険と同様、対象となる従業員を雇ったら必ず加入しなければならない公的保険です。また助成金を受けたいときには、雇用保険に加入していることが条件となるので、必ず加入しましょう。

雇用保険の基礎知識

≪雇用保険とは？

雇用保険とは、**労働者が失業したときに生活保障となる失業等給付のほか、育児や介護をするために休業するときなどにも給付を受けられる保険**です。失業等給付がメインのため、一般に「**失業保険**」とも呼ばれています。

≪従業員を雇ったら必ず加入

会社をつくって従業員を１人でも雇用する場合には、その業種や事業規模にかかわらず必ず加入しなければなりません。

≪雇用保険の被保険者になる人

次に該当する従業員は、本人の意思にかかわらず雇用保険に加入しなければなりません。

> ❶ １週間の所定労働時間が20時間以上の者
> ❷ 同一の事業主に継続して31日以上雇用されることが見込まれる者

≪事業主や役員は原則加入できない≫

雇用保険には、労災保険のように特別加入のような制度はないので、**事業主や役員は原則加入することができません。**ただし、役員であっても通常の労働者と同じように働いている場合には、雇用保険に加入できる場合があります。事業主はいかなる場合にも加入することはできません。

≪加入手続きのしかた≫

事業所の住所を管轄するハローワークに、「**雇用保険 適用事業所設置届**」を提出します。

助成金の財源は雇用保険料

≪雇用保険に加入していないと助成金は受けられない≫

雇用保険は、失業等給付などの給付のほかに、事業主に対する助成金の支給や労働者の職業訓練などの事業も行っています。雇用保険から支給される助成金は、雇用保険料が財源となっているので、これらの助成金を受けるには雇用保険に加入していることが最低条件となります。

● 従業員を1人雇うと労働保険の保険料はいくらかかるか？

労働保険の保険料は **1年間の賃金総額 × 保険料率** で計算します。

卸売業・小売業 月給18万円の社員を1人雇った場合（賞与なし）

労災保険 18万円 × 12カ月 × $\frac{3}{1,000}$ = 6,480円（年額）

雇用保険 18万円 × 12カ月 × $\frac{9}{1,000}$※ = 1万9,440円（年額）

このうち会社負担分は 6,480円 + 1万2,960円 = 1万9,440円（年額）
（雇用保険の会社負担分）

※ 労災保険料は全額事業主負担ですが、雇用保険料は上記の金額のうち3/1,000が従業員負担となり、事業主負担は6/1,000となります。従業員負担分とあわせて会社がまとめて納付します。また会社が負担した労働保険料は、全額損金算入することができます。
労働保険の保険料率は、業種によって違います。厚生労働省のサイト（http://www.mhlw.go.jp/）で確認します。

49 ハローワーク・求人票・助成金

ハローワークに求人を出そう

求人媒体は、折込チラシやインターネットの求人サイトなど、さまざまな種類がありますが、まずは無料のハローワークの求人を利用してみましょう。助成金が受けられる場合もあります。

ハローワークを利用した求人方法

≪❶ はじめてのときはハローワークへ行く

まずは会社の住所地を管轄するハローワークに行きます。はじめて求人を出す場合には事業所登録が必要になるので、直接出向いて登録します。2回目以降はインターネットやFAXでも可能です。

≪❷ 事業所登録と求人票の出し方

ハローワークでは「**事業所登録シート**」と「**求人申込書**」を記入します。事業所登録シートには会社の特長や事業の内容などを、求人申込書には仕事の内容、雇用形態、給与などの労働条件を記入します。書くところが多いので面倒かもしれませんが、求職者は求人票をよく見ているので、しっかり記入するようにします。その場で書ききれない場合には一度持ち帰るようにします。この2つの書類を書き終えたら窓口に提出し、受理されると早ければ翌日には全国のハローワークで求人票が公開されます。

≪❸ ハローワークから紹介の連絡があったら

希望者がいた場合にはハローワークから電話がかかってくるので、まずは履歴書や職務経歴書などを送ってもらうようにします。書類選考後、面接をしたい応募者には直接連絡をして面接の日程を決めましょう。**面接後、採否を決めたら、結果をハローワークに連絡します（FAXで可）。**

助成金がもらえるか確認しよう

　若年者、中高年者、障害者など、就職が困難な人を雇うと助成金がもらえる場合があります。ハローワークの窓口で助成金の相談もできるので、該当するかどうか相談してみましょう。ただし**助成金によっては雇う前に手続きをしておく必要があるので、注意が必要**です。

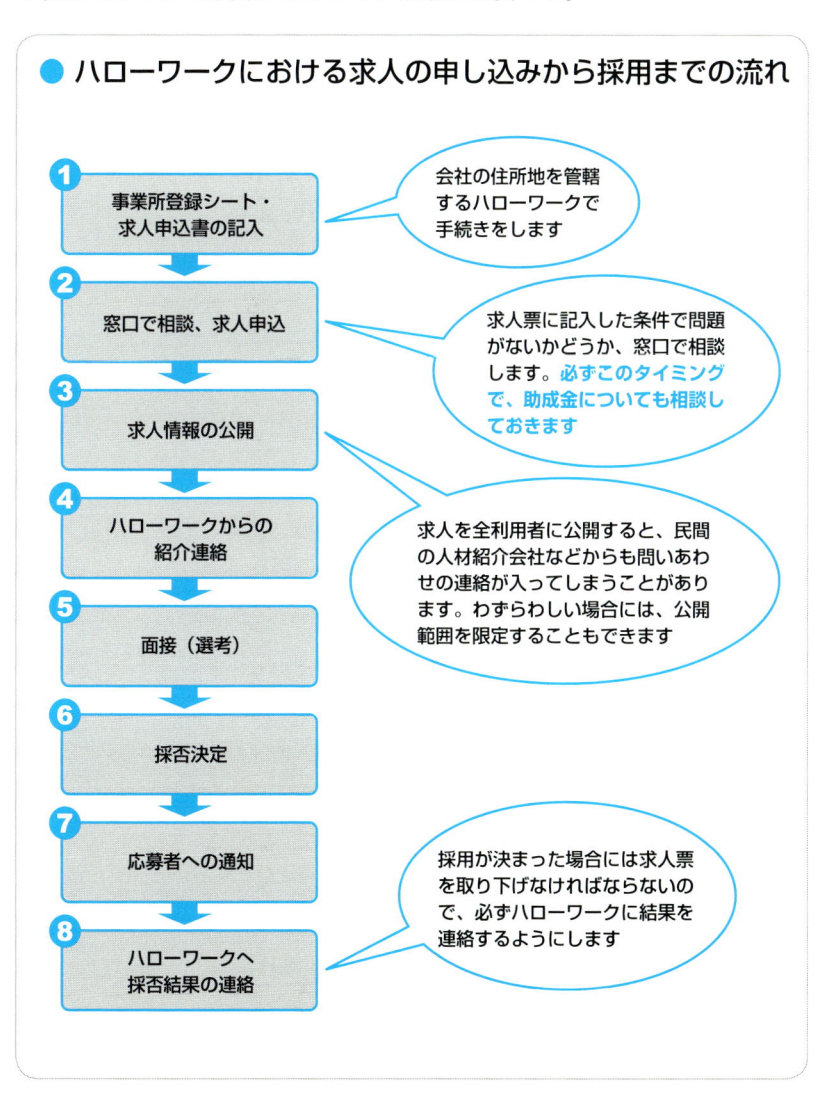

● ハローワークにおける求人の申し込みから採用までの流れ

1 事業所登録シート・求人申込書の記入
→ 会社の住所地を管轄するハローワークで手続きをします

2 窓口で相談、求人申込
→ 求人票に記入した条件で問題がないかどうか、窓口で相談します。**必ずこのタイミングで、助成金についても相談しておきます**

3 求人情報の公開

4 ハローワークからの紹介連絡
→ 求人を全利用者に公開すると、民間の人材紹介会社などからも問いあわせの連絡が入ってしまうことがあります。わずらわしい場合には、公開範囲を限定することもできます

5 面接（選考）

6 採否決定

7 応募者への通知

8 ハローワークへ採否結果の連絡
→ 採用が決まった場合には求人票を取り下げなければならないので、必ずハローワークに結果を連絡するようにします

50 雇用保険・健康保険・厚生年金保険・雇用契約書・身元保証書

人を雇ったら必要な手続き

採用が決まったら、さまざまな手続きをしなければなりません。どの手続きも、忘れるとのちにトラブルになる可能性があるので、漏れのないようにしましょう。

雇用契約書と身元保証書の基礎知識

≪雇用契約書とは？

採用が決まったらまずは「雇用契約書」を交わします。労働契約を結ぶ際は労働時間、賃金、休日などの労働条件を書面（メールなどでも可）にして明示しなければなりません（4章51参照）。

≪身元保証書とは？

身元保証人とは、従業員がもしも会社に損害を与えるようなことがあった場合、その損害を担保する人のことです。ただし借金などの際の連帯保証人とは違うので、実際に会社に損害があったとしても身元保証人にすべての損害を賠償させることができるわけではありません。金銭的な保証というよりは、両親や親戚などに保証人になってもらうことによって、**責任を持って仕事に取り組むという本人の自覚を促すことが目的**になります。そのためにも提出してもらったほうがいいでしょう。

身元保証の期間は、期間を定めない場合には3年、期間を定めた場合でも最大で5年とされています。再度身元保証書を提出してもらうことで保証期間を更新することはできますが、5年も経てばその人がどういう人かはわかるので、特に更新はしないのが一般的です。

雇用保険の手続き

≪❶ 被保険者資格取得届

　入社した従業員が「**週所定労働時間20時間以上**」の契約であれば、雇用保険に加入する必要があります。「**雇用保険 被保険者資格取得届**」を入社日の翌月10日までに、所轄のハローワークに提出して手続きをします。返信用封筒を入れておけば、郵送でも手続きができます。

　※ 雇用保険の資格取得時には個人番号（マイナンバー）の記載が必須になりました。

社会保険の手続き

≪❶ 被保険者資格取得届

　「**週所定労働時間30時間以上**」の契約を結んだ場合には、社会保険にも加入しなければなりません。本人からマイナンバーを提出してもらい、「**健康保険・厚生年金保険 被保険者資格取得届**」にマイナンバーまたは基礎年金番号、給与の月額などを記入して、所轄の年金事務所に提出します。

≪❷ マイナンバーの記載について

　従来社会保険の手続きには基礎年金番号が必要でしたが、平成30年3月より原則マイナンバーを記載して届け出ることになりました。**マイナンバーの記載が難しい場合には基礎年金番号を用いる**こともできます。

≪❸ 被扶養者がいるとき

　その従業員に扶養する家族がいる場合には「**健康保険被扶養者（異動）届／国民年金第3号被保険者関係届**」を一緒に提出します。その際、被扶養者になる家族全員分のマイナンバーが必要です。

● 入社時に本人に用意してもらう書類

必要書類	備　考
源泉徴収票	同じ年に別の会社で働いていた場合には、前職の会社から発行されたものを回収する
個人番号カードもしくは通知カード（マイナンバー）	扶養家族がいる場合には、家族の分も必要 ※ 個人情報なので取り扱いは慎重に

（次頁に続く）

雇用保険被保険者証	前職がある場合には回収して被保険者番号を確認する。「雇用保険被保険者証」がない場合には、前職の会社名を「資格取得届」の備考欄に記入する
給与所得者の扶養控除等（異動）申告書	用紙を渡して本人に扶養者の氏名などを記入してもらう。用紙は国税庁のホームページからダウンロードできる

● 社会保険、雇用保険の加入基準

	契約期間	所定労働時間	年　齢
労災保険※1	問わない		
雇用保険	31日以上	週20時間以上	問わない
健康保険	2カ月以上	週30時間以上※2	75歳未満
厚生年金保険			70歳未満

※1 労災保険は、従業員1人ひとりの個別の加入手続きは必要ありません。
※2 健康保険、厚生年金の加入要件は「1日または1週間の所定労働時間」と「1カ月の勤務日数」が一般社員のおおむね4分の3以上であることとされています。一般的には週の所定労働時間は40時間としているところが多いので、ここでは40時間×$\frac{3}{4}$＝30時間としています。

ただし社会保険の対象者が500人超の企業では週20時間以上、月額賃金88,000円以上のパートタイマーも社会保険に加入しなければなりません。また2022年10月からは100人超の企業にもその対象が拡大されます。

> 契約期間や所定労働時間によって、加入しなければならない保険が変わるので、給与だけでなく社会保険料の会社負担分を考慮に入れて労働条件を決めましょう。

51 労働条件・雇用契約書

労働条件は口頭でも大丈夫？

雇用契約は口頭でも成立しますが、労働時間や賃金などの労働条件については書面で明示しなければなりません。

雇用契約書の基礎知識

≪❶ 絶対的明示事項

従業員を採用するときは、賃金や労働時間、休日などの労働条件を明示しなければなりません。**従業員に必ず明示しなければいけない事項は次の5項目**です。

> ❶ 労働契約の期間に関する事項（契約期間を定める場合は、「更新の有無」と「更新の基準」の事項）
> ❷ 就業の場所、従事する業務の内容
> ❸ 始業および終業の時刻、所定労働時間を超える労働（残業など）の有無、休憩時間、休日、休暇ならびに労働者を２組以上に分けて就業させる場合（交替制の勤務）における就業時転換に関する事項
> ❹ 賃金の決定、計算および支払いの方法、賃金の締め切りおよび支払いの時期ならびに昇給に関する事項
> ❺ 退職に関する事項（解雇の事由を含む）

この５つを絶対的明示事項といいます。**このうち昇給に関する事項以外は、必ず書面などを交付して明示しなければなりません。**（従来書面のみにかぎられていましたが、平成31年4月1日より、従業員が希望した場合はFAXや電子メール、SNSなどでも明示できることになりました。ただし出力して書面を作成できるものにかぎられます）。

≪❷ 契約書を交わす

　労働基準法では「書面で明示すること」が義務づけられているだけなので、**会社から一方的に「労働条件通知書」を渡すだけでも法律上は問題ありません。**しかしあとになって「話が違う！」などと言われないよう**「雇用契約書」を作成し、労働条件を確認のうえ、労働者に承諾した旨の署名捺印をしてもらい、労使双方で保管する**のが一般的です。

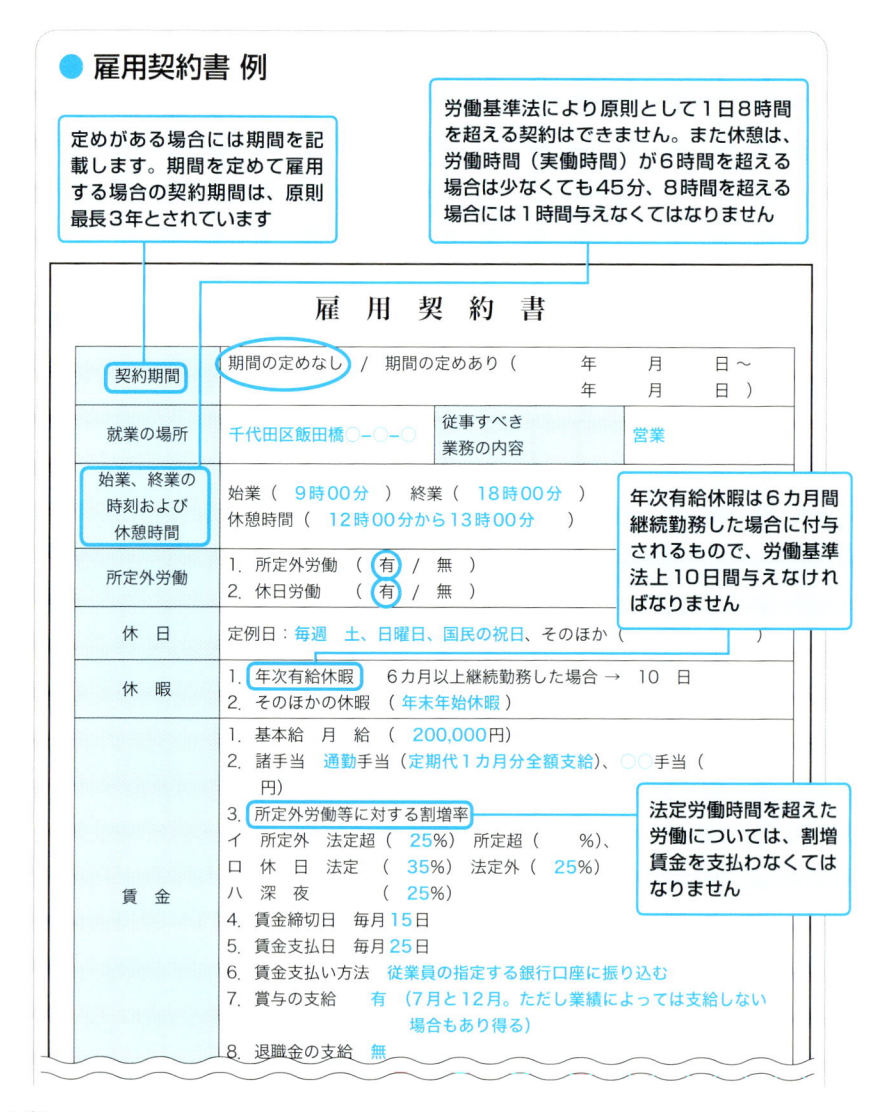

● 雇用契約書 例

定めがある場合には期間を記載します。期間を定めて雇用する場合の契約期間は、原則最長3年とされています

労働基準法により原則として1日8時間を超える契約はできません。また休憩は、労働時間（実働時間）が6時間を超える場合は少なくても45分、8時間を超える場合には1時間与えなくてはなりません

雇 用 契 約 書

契約期間	期間の定めなし ／ 期間の定めあり（　年　月　日〜 　　　　　　　　　　　　　　　　　　年　月　日）
就業の場所	千代田区飯田橋○-○-○　　従事すべき業務の内容　　営業
始業、終業の時刻および休憩時間	始業（ 9時00分 ） 終業（ 18時00分 ） 休憩時間（ 12時00分から13時00分 ）
所定外労働	1. 所定外労働　（ 有 ／ 無 ） 2. 休日労働　　（ 有 ／ 無 ）
休　日	定例日：毎週　土、日曜日、国民の祝日、そのほか（　　）
休　暇	1. 年次有給休暇　6カ月以上継続勤務した場合 → 10 日 2. そのほかの休暇　（ 年末年始休暇 ）
賃　金	1. 基本給　月　給　（ 200,000円 ） 2. 諸手当　通勤手当（定期代1カ月分全額支給）、○○手当（　円） 3. 所定外労働等に対する割増率 　イ 所定外　法定超（ 25%） 所定超（　 %）、 　ロ 休　日　法定（ 35%） 法定外（ 25%） 　ハ 深　夜　（ 25%） 4. 賃金締切日　毎月15日 5. 賃金支払日　毎月25日 6. 賃金支払い方法　従業員の指定する銀行口座に振り込む 7. 賞与の支給　有　（7月と12月。ただし業績によっては支給しない場合もあり得る） 8. 退職金の支給　無

年次有給休暇は6カ月間継続勤務した場合に付与されるもので、労働基準法上10日間与えなければなりません

法定労働時間を超えた労働については、割増賃金を支払わなくてはなりません

退職に関する事項	1. 定年　　60歳 2. 自己都合退職の手続き　　退職する30日前に届け出ること 3. 解雇の事由 　1）心身の故障により業務に耐えられないとき、また完全な労務の提供ができないとき 　2）勤務成績、職務遂行能力または能率が著しく不良で、改善の見込みがないとき 　3）業務について不正な行為があったとき 　4）相当の長期間にわたる無断欠勤など勤務が不良であったとき 　5）事業の縮小または廃止、そのほか事業の運営上やむを得ない事情により、従業員の減員が必要となったとき 　6）そのほか前項各号に準ずる事由があるとき

この契約書に記載されていない内容については就業規則に定めるところによる。

上記契約内容に同意します。
　令和○○年　○月　○日

> 就業規則を作成している場合には、「詳細は就業規則第○条参照」と記載してもかまいません

　　使用者　所　在　地　東京都千代田区飯田橋○○町○-○-○
　　　　　　名　　　称　株式会社ソーテックス
　　　　　　代表者氏名　代表取締役　夏目　太一　㊞

> 同じものを2部作成し、労使双方で署名捺印のうえ、1部は労働者に渡し、1部は会社で保管します

　　労働者　住　　　所　東京都中野区中野○-○-○
　　　　　　氏　　　名　石川　圭介　㊞

column

パートタイマーであっても雇用契約書は必要

パートタイマーであっても労働者であることに変わりないので、雇い入れる際には労働条件の明示が必要です。パートタイマーの場合、149頁の5項目に加えて、次の3つについても書面で明示しなければなりません。

❶ 昇給の有無　　❷ 退職手当の有無　　❸ 賞与の有無

52 試用期間・解雇・解雇予告

試用期間中なら辞めさせてもいい?!

1度雇ったら、たとえ試用期間中だとしても簡単に辞めさせることはできません。解雇するには正当な理由が必要です。

試用期間の基礎知識

≪試用期間とは？

面接で短時間話を聞いただけでは、その人の能力や適性はわかりません。そのため当初の一定期間を、その従業員の適性を見るための試用期間としている会社が一般的です。この試用期間中に自社でしっかり働いてくれる人かどうかを見て、正式な従業員として採用するかどうかを判断します。

≪期間はどのくらいが適当か

法律上は「試用期間は○カ月まで」という規定はありません。そうはいっても試用期間中の労働者は不安定な立場に置かれることになるので、長すぎてもいけません。**一般的には3～6カ月、最長でも1年が限度**といわれています。

試用期間中の解雇はできる？

≪特段の理由もないのに解雇することは許されない

試用期間中に本人の適性を見た結果、本採用を拒否するということは、**法律上「解雇」**になります。試用期間満了後の正社員を解雇する場合に比べると、試用期間中の解雇は認められやすいとされていますが、**試用期間といえども労働契約はすでに成立しているので、従業員を解雇するには正**

当な理由が必要になります。試用期間中の本採用拒否が認められるのは、採用面接時にはわからなかった事実が試用期間中に明らかになったなどの場合です。

≪解雇予告が必要になる

本採用拒否はあくまで解雇ですから、「**解雇予告**」（第4章60参照）という手順を踏まなくてはなりません。つまり **30日前までに解雇を通知**します。それができないときは、**「解雇予告手当」といって30日分以上の平均賃金を支払う必要があります**。試用期間後に本採用をしない場合、試用期間満了の30日以上前までに解雇予告をしなければなりません。30日を切ってから解雇予告をし、解雇予告手当も支払わずにいると試用期間中の解雇ではなく通常の解雇とされてしまい、解雇事由も厳格に判断されることになってしまいます。

≪雇い入れ14日以内の試用期間中の場合

解雇予告をしなくてもいいことになっていますが、これも解雇する理由は必要になります。

≪試用期間中の社会保険

試用期間中であっても、労災保険や雇用保険、健康保険、厚生年金保険の各種社会保険については、それぞれの加入基準を満たしていれば雇い入れた日から加入させなければなりません。

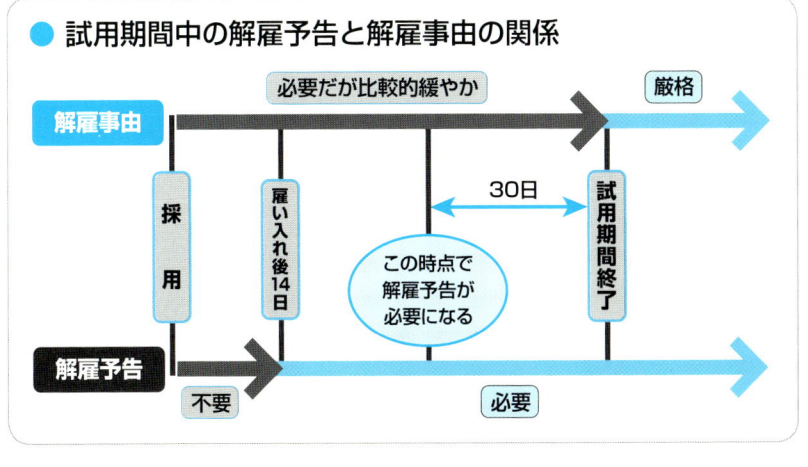

● **試用期間中の解雇予告と解雇事由の関係**

解雇事由	必要だが比較的緩やか		厳格
	採用 → 雇い入れ後14日	この時点で解雇予告が必要になる ← 30日 →	試用期間終了
解雇予告	不要	必要	

53 就業規則

従業員が増えてきたら就業規則をつくろう

従業員が1人なら口頭で伝えればすみますが、人数が増えてくると共通のルールが必要になります。無用なトラブルを未然に防止するためにも就業規則をつくりましょう。

就業規則の基礎知識

≪就業規則とは？

労働時間や賃金、休日、休暇といった労働条件や服務規律を定めて文書化した「**会社のルールブック**」のことです。

従業員が常時10名以上の事業場の場合には、就業規則を作成し、労働基準監督署へ届け出る義務があります。

≪従業員の意見を聴く

就業規則が完成したら、従業員の過半数を代表する者（もしくは従業員の過半数で組織された労働組合）に意見を聞き、意見書を作成します。このとき必ずしも同意は必要ではなく、反対意見だったとしても問題ありません。

≪労働基準監督署へ届け出る

監督署へ届け出るときには、「**就業規則（変更）届**」「**従業員代表の意見書**」「**就業規則**」を2部用意して、事業所を管轄する労働基準監督署へ提出します。1部は受付印をもらい、会社の控えにします。

≪作成した就業規則を周知する

せっかく就業規則をつくっても、従業員に見せたくないと金庫にしまっている会社がありますが、就業規則は従業員に周知することが労働基準法

で義務づけられています。従業員に配布する、職場の見やすいところに置いておくなど、従業員が見たいと思ったときにいつでも見られるようにしておきます。

就業規則はなぜ必要なの？

就業規則がなく労働条件について曖昧になっている部分をその場しのぎで適当に答えたり、人によって差別的な扱いをしていると、従業員の間に不信感が生まれます。また問題社員が入ってきてしまった場合、就業規則がないと懲戒処分をすることも難しくなります。しっかりとした就業規則があれば、無用なトラブルを未然に防ぐことができるのです。

就業規則の作成義務がある事業場

法律上、就業規則の作成義務があるのは10人以上の事業場ですが、10人未満の事業場も、トラブルの予防のために作成しておくことをお勧めします。

column

ネットでダウンロードしたモデル就業規則は使わない！

インターネットで見つけたモデル就業規則や他社の就業規則をそのまま流用しているケースをよく見ますが、これは後々のトラブルのもとです。インターネットに出ている就業規則はほとんどの場合、労働者にかなり有利につくられています。条文の1つひとつを丁寧に検討し、自社の実態にあった就業規則を作成しましょう。多少コストがかかっても社会保険労務士などの専門家に頼むほうが安心です。

（次頁に続く）

● 就業規則に記載する内容

絶対的必要記載事項 法律上必ず記載しなければいけない事項です。これが抜けていると、労働基準監督署に提出しても受けつけてもらえない場合があります	● 労働時間に関すること ・始業および終業の時刻 ・休憩時間 ・休日 ・休暇（年次有給休暇、育児休業など） ・交替勤務の場合には就業時転換に関する事項（交替の期日や交替の順序など） ● 賃金に関すること ・賃金の決定方法、計算および支払い方法 ・賃金の締切日、支払日 ・昇給に関すること ● 退職に関すること ・退職、解雇、定年の事由および手続き
相対的必要記載事項 会社でルールを定めるときは記載しなければいけない事項です。絶対的必要記載事項と同様、作成には抜けのないよう注意が必要です	● 退職金に関すること ・適用される労働者の範囲 ・退職金の決定方法、計算および支払い方法 ・退職金の支払いの時期 ● 賞与および最低賃金額に関すること ● 労働者に負担させる食費、作業用品そのほかに関すること ● 安全および衛生に関すること ● 職業訓練に関すること ● 災害補償および業務外の傷病扶助に関すること ● 表彰および制裁の種類および程度に関すること ● そのほか労働者のすべてに適用されること
任意記載事項 適法の範囲内で会社の自由に記載できる事項のことです。たとえば経営理念や服務規律のことをいいます	● 企業理念 ● 服務規律 ● 福利厚生に関すること 　　　　　　　　　　　　　　など

54 労働時間・法定労働時間・所定労働時間・休憩時間

労働時間って何？
～法定労働時間と所定労働時間～

労働時間とは、従業員が会社の指揮命令下にある時間のことをいいます。法律では、これ以上働かせてはいけませんよという時間が決まっているので、原則としてそれを超える労働契約を結ぶことはできません。

労働時間の基礎知識

≪労働時間とは？≫

会社の指揮命令下にある時間のことで、「**休憩時間を除いた実労働時間**」を指します。つまり労働契約で始業時刻と終業時刻を定めたとしても、それを超えて労働したら、その分もすべて労働時間ということになります。たとえば朝のミーティングのために30分早く出社するよう指示をしたのであれば、その30分も労働時間となり、賃金の支払いが必要になります。

≪法定労働時間とは？≫

法律では、会社は**1日8時間、1週40時間を超えて労働させることはできない**と定めています。この時間を「法定労働時間」といいます。

≪所定労働時間とは？≫

会社が労働契約や就業規則等で独自に定めた始業時刻から終業時刻までの時間から、休憩時間を除いた時間を「所定労働時間」といいます。原則として法定労働時間を超えて定めることはできません。

≪労働時間を管理することは義務≫

会社は、従業員の労働時間を適切に把握する義務があります。仮に何の記録もないまま残業代の未払いなどでトラブルになったら、従業員の言いなりに残業代を支払わなくてはならないということになりかねないので、注意が必要です。

休憩時間の基礎知識

≪休憩時間の原則

　労働時間が6時間を超え8時間以内の場合は少なくとも45分、8時間を超える場合には少なくとも1時間の休憩を与えなければなりません。また休憩時間には、次の3つの原則があります。

> ❶ 労働時間の途中に与えなければならない
> ❷ 従業員に一斉に与えなければならない（例外あり）
> ❸ 自由に利用させなければならない

≪労働から完全に解放する

　休憩時間は自由に利用させなくてはならないので、たとえば休憩中であっても電話を取らなくてはならない、来客があれば対応しなければならないような状態は休憩時間とはいえません。つまり**休憩時間とは労働から完全に解放された状態でなければならない**のです。

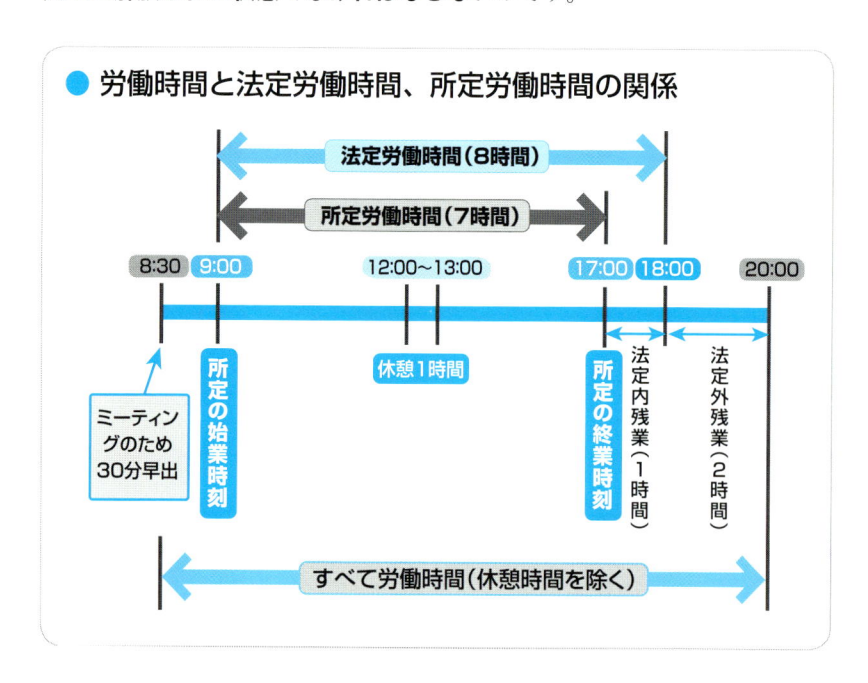

● 労働時間と法定労働時間、所定労働時間の関係

- 法定労働時間（8時間）：9:00～17:00（※図では法定労働時間の矢印が所定労働時間を含む範囲）
- 所定労働時間（7時間）
- 8:30　9:00　12:00～13:00　17:00　18:00　20:00
- 休憩1時間
- 所定の始業時刻
- 所定の終業時刻
- 法定内残業（1時間）
- 法定外残業（2時間）
- ミーティングのため30分早出
- すべて労働時間（休憩時間を除く）

55 有給休暇・時季指定権・時季変更権

有給休暇は必ず与えなくてはいけない？

年次有給休暇は、給与を減額することなく休むことができる法律で定められた休暇です。一定期間勤務した従業員には、たとえパートタイマーやアルバイトであっても、有給休暇を与えなくてはなりません。

年次有給休暇の基礎知識

≪有給休暇付与の要件

次の従業員に対して10日以上の有給休暇を付与しなければなりません。

❶ 入社してから6カ月継続勤務している
❷ その期間の全労働日の8割以上出勤している

その後さらに1年間継続勤務をするごとに、次のとおり勤続年数に応じて有給休暇を付与していきます。その場合も8割以上出勤していることが条件です。

● 一般従業員の有給休暇の付与日数

週所定労働日数が5日以上または週所定労働時間が30時間以上の従業員の場合

勤続年数	6カ月	1年6カ月	2年6カ月	3年6カ月	4年6カ月	5年6カ月	6年6カ月以上
有給休暇付与日数	10日	11日	12日	14日	16日	18日	20日

● 有給休暇の付与スケジュール

一般の従業員の場合

4/1入社 ──6カ月── 10/1【10日付与】 ──── 翌年10/1【11日付与】

法改正ポイント

働き方改革の一環で、平成31年4月より有給休暇が10日以上付与される従業員には年5日間の有給休暇を取得させることが会社の義務となった。たとえば4/1に入社の人は、10/1～翌年9/30の1年間に会社が時季を指定して5日の有給休暇を取得させなければならない。時季指定に関しては従業員の意見を聴き、その意見を尊重して決定する。また年10日以上有給休暇が付与される従業員であれば、パートやアルバイトも対象になる

≪有給休暇を取得した日の賃金

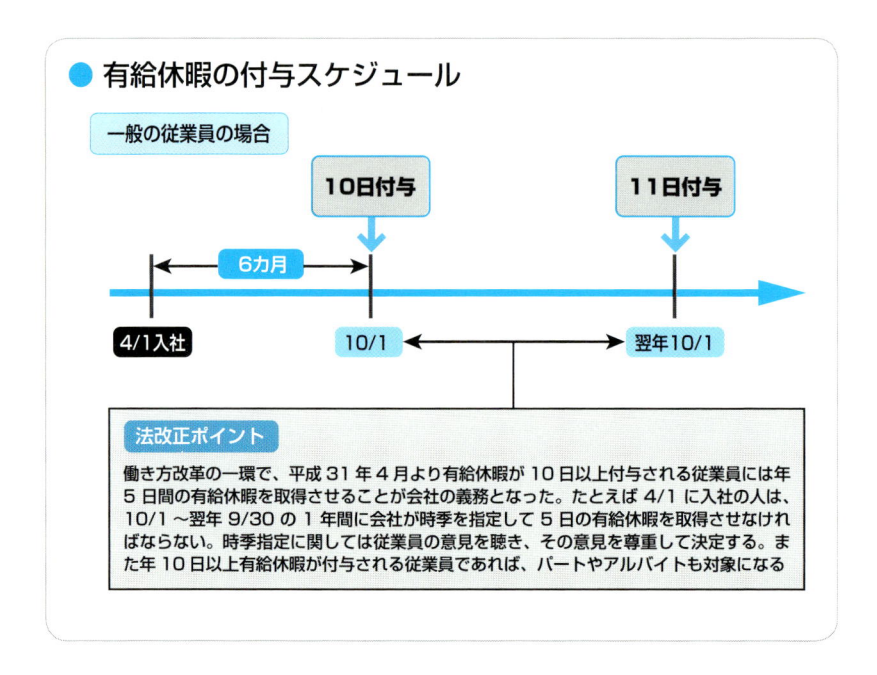

　有給休暇を取得した日の賃金は、通常の労働時間を労働した場合と同じ額を支払うのが最も一般的です。月給制の人であれば、休んだ日の分も減額せずにそのままの月額を支払います。時給制の人の場合も、その日の所定労働時間分の賃金を支払います。

　時給制の人が有給休暇を取った日の分として支払う賃金は次の式で求めます。この場合、5,000円を支払います。

> **例** 時給1,000円、所定労働時間：10:00～16:00（休憩1時間・実働5時間）の場合⇒1,000円 × 5時間 = 5,000円

パートタイマーの有給休暇

　パートタイマーもれっきとした従業員ですから、6カ月以上継続勤務、出勤率8割以上の要件を満たせば、有給休暇を与えなくてはなりません。なお、ここでいうパートタイマーとは週所定労働時間が30時間未満の人のことをいい、週所定労働日数に応じて右頁上の表のように付与します。

● パートタイマーの有給休暇の付与日数

週所定労働日数	年所定労働日数	勤続年数						
		6カ月	1年6カ月	2年6カ月	3年6カ月	4年6カ月	5年6カ月	6年6カ月以上
4日	169〜216日	7日	8日	9日	10日	12日	13日	15日
3日	121〜168日	5日	6日	6日	8日	9日	10日	11日
2日	73〜120日	3日	4日	4日	5日	6日	6日	7日
1日	48〜72日	1日	2日	2日	2日	3日	3日	3日

有給休暇は従業員が希望した日に与えなくてはいけない？

≪有給休暇の時季指定権

　有給休暇とは、原則、従業員が「この日に休みたい！」と言った日に与えなくてはいけません。これを**「時季指定権」**といいます。

　どうしても従業員が指定した日に休まれると困るといった場合には、その日を変更することができます。これを**「時季変更権」**といいます。ただし単に忙しいからという理由では変更できず、その日にその従業員がいないと会社がつぶれる！　というくらいでないと認められません。いずれにしても、有給休暇を取得する際のルールを決めておき、気持ちよく休暇が取れるようにします。

当日の朝、「有休ください」と言われても困るので、"何日前までに申請をすること"といった会社のルールを決めておきましょう！

56 休日・休暇

休日と休暇は何が違うの？

休日も休暇も「仕事をしない」ということでは同じですが、法律上は大きな違いがあります。

休日の基礎知識

≪休日とは？

もともと労働義務のない日のことをいい、「**法定休日**」と「**所定休日**」の2つに分けることができます。法定休日と所定休日では割増賃金を支払うときの割増率が違う（第5章66参照）ので、しっかりと違いを明確にしておく必要があります。

≪法定休日とは？

法律では会社は従業員に毎週少なくとも1日、あるいは4週を通じて4日以上の休日を与えなくてはならないと定めています。この休日を「法定休日」といいます。必ずしも日曜日である必要はありません。

≪所定休日とは？

会社が就業規則等で独自に定めることができる休日のことを「所定休日」といいます。1日の所定労働時間を8時間とした場合、休日が週に1日しかないと週40時間という「法定労働時間」を超えてしまうので、多くの会社で法定休日のほかに、さらに休日を設けています。最も一般的な土、日が休みの会社の場合、日曜日を法定休日とするならば、土曜日が所定休日ということになります。

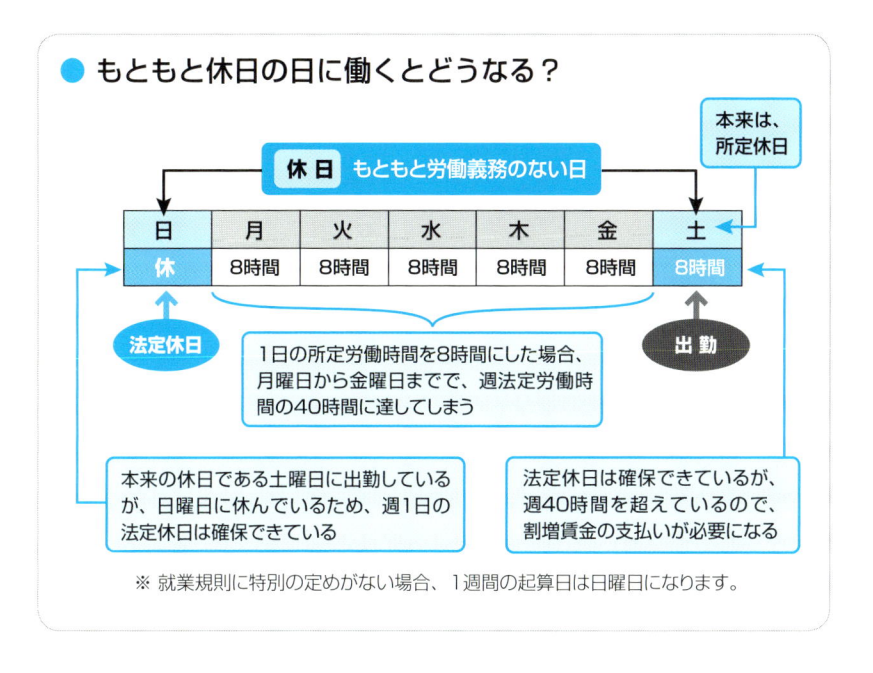

● もともと休日の日に働くとどうなる？

日	月	火	水	木	金	土
休	8時間	8時間	8時間	8時間	8時間	8時間

休日 もともと労働義務のない日

本来は、所定休日

法定休日 ← 本来の休日である土曜日に出勤しているが、日曜日に休んでいるため、週1日の法定休日は確保できている

出勤 ← 法定休日は確保できているが、週40時間を超えているので、割増賃金の支払いが必要になる

1日の所定労働時間を8時間にした場合、月曜日から金曜日までで、週法定労働時間の40時間に達してしまう

※ 就業規則に特別の定めがない場合、1週間の起算日は日曜日になります。

法定休日は何曜日にする？

　特に決まりはないので、法定休日を何曜日にするか、就業規則等で明確にする義務はありません。**あくまでも週に1日の休日が確保できていれば、その日が法定休日となります。**ただし通達では、就業規則等で明確にすることが望ましいとされています。

休暇の基礎知識

≪休暇とは？

　もともと労働義務がある日にその義務を免除された日のことをいいます。休暇も休日と同様、法律に規定されている「**法定休暇**」と、会社が任意に定めることのできる「**法定外休暇**」とがあります。

≪法定休暇とは？

　「**年次有給休暇**」「**産前産後休暇**」「**生理休暇**」「**育児休暇**」「**介護休暇**」などがあります。**法律に規定されている休暇**なので、労働者から請求があっ

163

た場合には必ず取らせなくてはなりません。

≪法定外休暇とは？

「慶弔休暇」「病気休暇」「リフレッシュ休暇」「夏季休暇」など、**会社が就業規則等で任意に定めることができる休暇**のことです。

≪賃金の取り扱い

年次有給休暇以外の休暇は、必ずしも有給である必要はありません。有給か無給かは、会社が就業規則等で自由に定めることができます。

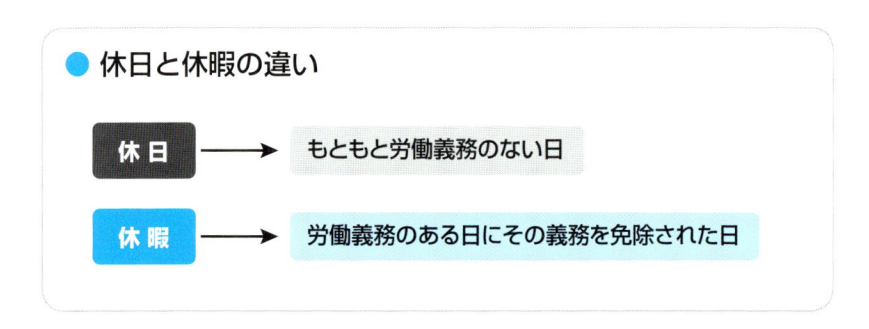

● 休日と休暇の違い

休日 → もともと労働義務のない日

休暇 → 労働義務のある日にその義務を免除された日

休日とは、原則として
"0時から24時までの24時間継続した1暦日"
をいいます。
「朝だけちょっと出てきて、午後休んでいいよ」
というのは、休日を与えたことになりません。
労働日にはしっかり集中して働いてもらえるよう、
休日はきちんと取れるようにしましょう。

57 振替休日・代休・割増賃金

振替休日と代休の違いは？

振替休日と代休は、同じ意味だと誤解している人が多いですが、実際には大きく違います。特に割増賃金の計算時に差が出るので注意が必要です。

振替休日と代休の基礎知識

≪振替休日とは？

休日の予定だった日に仕事をさせなくてはならない場合に、あらかじめほかの勤務日と休日を入れ替えておくことがあります。こうして代わりに休んだ日のことを「**振替休日**」といいます。ポイントは、**事前に休ませる日を決めているか否か**です。また休日の振替を行っても、4週4日の休日は確保する必要があります。

≪代休とは？

代わりに休む日を事前に決めずに休日に労働をさせ、あとから休日を決めて休ませることです。振替休日のように事前に休日と労働義務のある日を交替したわけではないので、休日に働いたという事実は消えません。そのため、休日労働にかかる割増賃金を支払う必要があります（次頁ならびに第5章66参照）。

≪振替休日、代休の条件

振替休日、代休ともに、制度として利用する場合は就業規則等に定めておく必要があります。また振替休日の場合はできるだけ近接した期間に振り替えることが望ましいので、実務的には給与計算期間をまたがないようにします。

割増賃金の取り扱い

≪休日の振替を行った場合

　休日労働にはならないので割増賃金（35％以上）の支払いは発生しませんが、振り替えた結果、その週の労働時間が1週間の法定労働時間を超えた場合には時間外労働となり、25％以上の割増賃金を支払わなくてはなりません。振替休日にすれば、必ず割増賃金が不要になるわけではないことに注意しましょう。

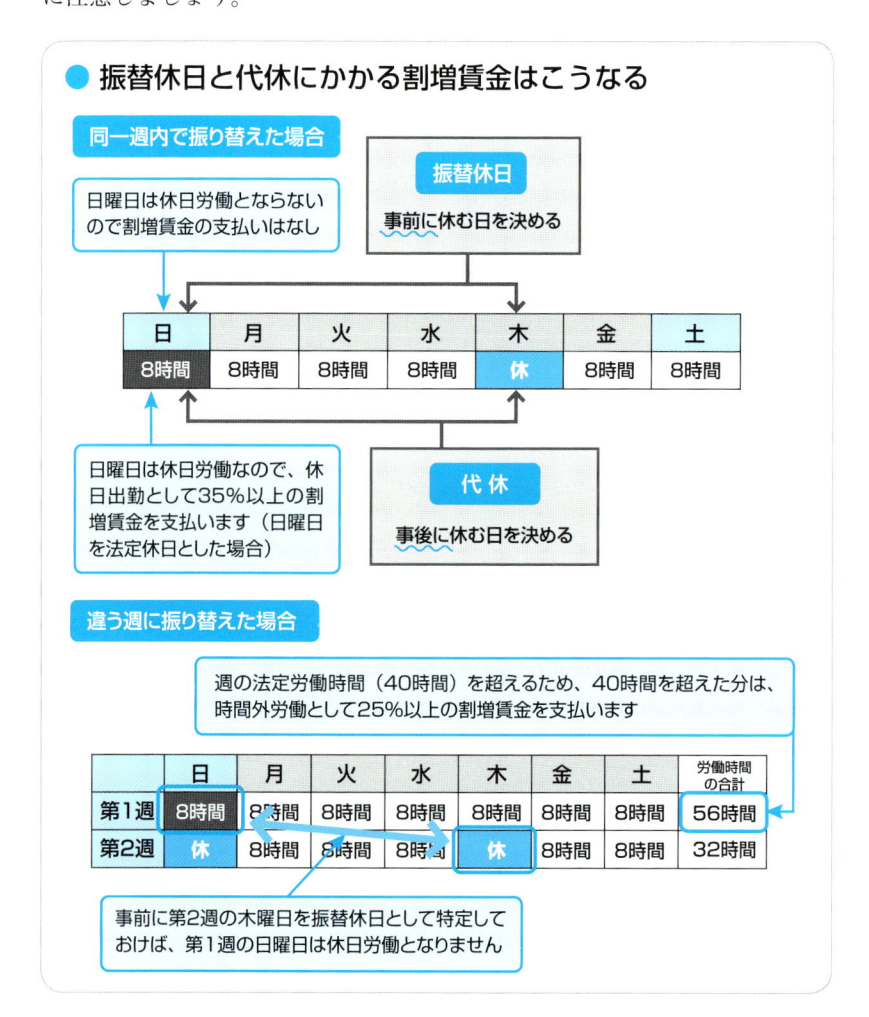

● 振替休日と代休にかかる割増賃金はこうなる

同一週内で振り替えた場合

日曜日は休日労働とならないので割増賃金の支払いはなし

振替休日　事前に休む日を決める

日	月	火	水	木	金	土
8時間	8時間	8時間	8時間	休	8時間	8時間

日曜日は休日労働なので、休日出勤として35％以上の割増賃金を支払います（日曜日を法定休日とした場合）

代休　事後に休む日を決める

違う週に振り替えた場合

週の法定労働時間（40時間）を超えるため、40時間を超えた分は、時間外労働として25％以上の割増賃金を支払います

	日	月	火	水	木	金	土	労働時間の合計
第1週	8時間	8時間	8時間	8時間	8時間	8時間	8時間	56時間
第2週	休	8時間	8時間	8時間	休	8時間	8時間	32時間

事前に第2週の木曜日を振替休日として特定しておけば、第1週の日曜日は休日労働となりません

58 労働時間・法定労働時間・時間外労働・36協定

残業は法律違反?!

労働基準法では「1日8時間、1週40時間を超えて労働させてはならない」と定められています。原則としてこの時間を超えて働かせることはできません。しかし実際は遅くまで残業している人がたくさんいます。時間外労働をさせるときには、いくつかの条件をクリアしなければなりません。

時間外労働をさせるための手続きとは

≪❶ 就業規則等に定める

業務の都合により時間外労働を命じることがある旨を、就業規則等に定めておきます。就業規則がない場合は、雇用契約書に記載します。

≪❷ 時間外労働・休日労働に関する協定（36協定）を締結する

労働基準法第36条に定められているので、一般的には36協定と呼ばれています。**時間外労働、休日労働をさせるには、会社と労働者の代表とで「36協定」を締結し、労働基準監督署に提出しなくてはなりません。**

≪❸ 割増賃金を支払う

法定労働時間を超える労働の場合には、割増賃金を支払う必要があります（第5章66参照）。

36協定の基礎知識

≪働き方改革では長時間労働の是正が大きな柱

従来は36協定を締結すれば、月45時間、年間360時間まで残業をさせることができました。さらにこの上限時間を超えて残業をさせることができる特別条項付きの協定を結べば、実質上限なしに働かせることが可能で

● 36協定 例

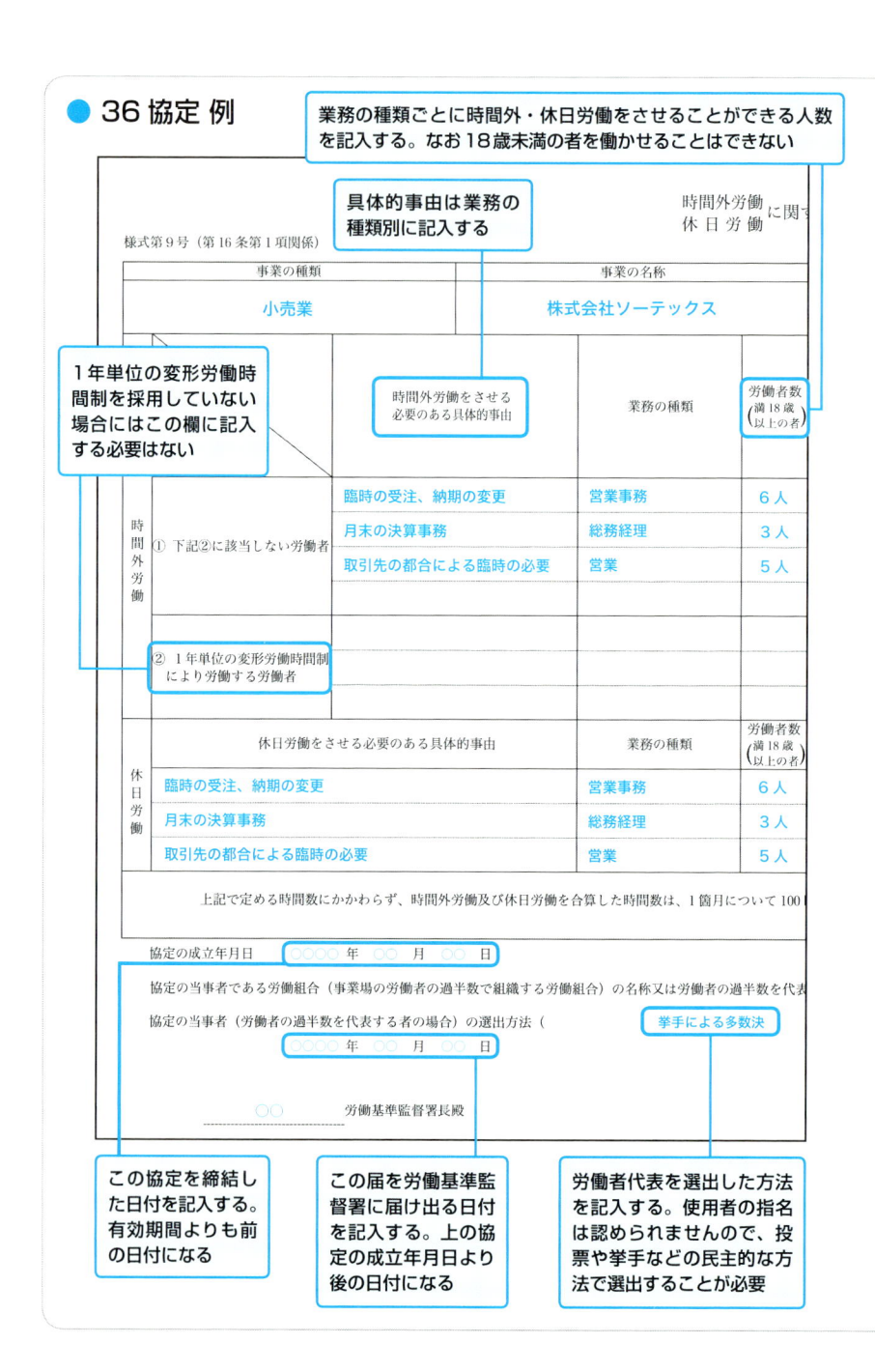

業務の種類ごとに時間外・休日労働をさせることができる人数を記入する。なお18歳未満の者を働かせることはできない

具体的事由は業務の種類別に記入する

様式第9号（第16条第1項関係）

時間外労働
休日労働 に関す

事業の種類	事業の名称
小売業	株式会社ソーテックス

1年単位の変形労働時間制を採用していない場合にはこの欄に記入する必要はない

		時間外労働をさせる必要のある具体的事由	業務の種類	労働者数（満18歳以上の者）
時間外労働	① 下記②に該当しない労働者	臨時の受注、納期の変更	営業事務	6人
		月末の決算事務	総務経理	3人
		取引先の都合による臨時の必要	営業	5人
	② 1年単位の変形労働時間制により労働する労働者			

	休日労働をさせる必要のある具体的事由	業務の種類	労働者数（満18歳以上の者）
休日労働	臨時の受注、納期の変更	営業事務	6人
	月末の決算事務	総務経理	3人
	取引先の都合による臨時の必要	営業	5人

上記で定める時間数にかかわらず、時間外労働及び休日労働を合算した時間数は、1箇月について100

協定の成立年月日　○○○○年　○○月　○○日

協定の当事者である労働組合（事業場の労働者の過半数で組織する労働組合）の名称又は労働者の過半数を代表

協定の当事者（労働者の過半数を代表する者の場合）の選出方法（　**挙手による多数決**　）

○○○○年　○○月　○○日

○○　労働基準監督署長殿

この協定を締結した日付を記入する。有効期間よりも前の日付になる

この届を労働基準監督署に届け出る日付を記入する。上の協定の成立年月日より後の日付になる

労働者代表を選出した方法を記入する。使用者の指名は認められませんので、投票や挙手などの民主的な方法で選出することが必要

		労働保険番号、法人番号を記載する					協定の有効期間を記入する1年間とすることが望ましい

る協定届

労働保険番号 [都道府県][所掌][管轄][基幹番号][枝番号][被一括事業場番号]
法人番号 □□□□□□□□□□□□□

事業の所在地（電話番号）	協定の有効期間
（〒 000 － 0000 ） 東京都千代田区飯田橋○-○-○ （電話番号：03 － 0000 － 0000 ）	○○○○年4月1日から1年間

所定労働時間 （1日） （任意）		延長することができる時間数					
	1日	1箇月（①については45時間まで、②については42時間まで）		1年（①については360時間まで、②については320時間まで） 起算日（年月日） ○○○○年4月1日			
		法定労働時間を超える時間数	所定労働時間を超える時間数（任意）	法定労働時間を超える時間数	所定労働時間を超える時間数（任意）	法定労働時間を超える時間数	所定労働時間を超える時間数（任意）
7.5 時間	3 時間	3.5 時間	30 時間	40 時間	250 時間	370 時間
7.5 時間	2 時間	3.5 時間	15 時間	25 時間	250 時間	270 時間
7.5 時間	2 時間	3.5 時間	15 時間	25 時間	250 時間	270 時間

> 36協定では、延長できる時間（残業時間）を次の期間についてそれぞれ協定する必要がある
> ❶ 1日　❷ 1カ月　❸ 1年

> 1年間の上限時間を計算する際の起算日を記入する。給与計算期間とあわせるようにする

所定休日（任意）	労働させることができる法定休日の日数	労働させることができる法定休日における始業及び終業の時刻
土日祝日	1カ月に1日	9時から18時
土日祝日	1カ月に1日	9時から18時
土日祝日	1カ月に1日	9時から18時

時間未満でなければならず、かつ2箇月から6箇月までを平均して80時間を超過しないこと。 ☑
（チェックボックスに要チェック）

する者の	職名 営業職 氏名 豊島 一郎	（豊島印）
使用者	職名 株式会社 ソーテックス 氏名 夏目 太一	代表取締役 （印）

> 時間外労働と休日労働を合計した時間数は100時間未満、2～6カ月の平均は80時間以内でなければいけない。これを労使で確認し、チェックを入れる

> 36協定は労働基準監督署に届け出て、はじめて効力が発生します。つまり、提出前に時間外・休日労働をさせてはいけません。毎年必ず新しい協定の有効期間がはじまる前に提出しましょう。

した。それが、労働基準法の改正によって平成31年4月1日（中小企業は令和2年4月1日）から罰則付きの上限が設けられました。

≪36協定には何を載せる？

170頁の4つを載せます。

> ❶ 時間外・休日労働の対象となる労働者の範囲
> ❷ 対象期間（1年にかぎる）
> ❸ 時間外・休日労働をさせる必要のある具体的な事由
> ❹ 1日、1カ月、1年についての時間外労働の上限、または休日労働の日数

≪延長できる時間（残業時間）の限度

法改正により、時間外労働の上限は原則として**月45時間、年360時間**となり**臨時的な特別の事情がなければ、これを超えることはできません。**

臨時的な特別の事情があって労使が合意する場合（特別条項付きの協定を結ぶ）でも、以下の制約があります。

> ● 時間外労働は年720時間以内
> ● 時間外労働と休日労働の合計が月100時間未満
> ● 複数月の平均が80時間以内（休日労働を含む）
> ● 原則である月45時間を超えることができるのは年間6カ月まで

また特別条項の有無に関わらず、時間外労働と休日労働の合計は**月100時間未満、2〜6か月平均80時間以内**にしなければなりません。これに違反した場合、6カ月以内の懲役または30万円以下の罰金という罰則が科される場合があります。

≪会社と従業員代表で締結する

36協定は、会社と従業員の過半数で組織する労働組合、労働組合がない場合には従業員の過半数を代表する者との間で締結します。労働組合がなく従業員代表を選出する場合には、いわゆる管理監督者は従業員代表にはなれないので注意が必要です。

≪有効期限があるので注意する

36協定の有効期間は原則1年間です。1年ごとに締結して、その都度労働基準監督署に届け出る必要があります。

59 退職・資格喪失届・離職票・源泉徴収票・給与所得者異動届出書

人が辞めるときはどんな手続きが必要？

　せっかく雇った人も退職する日がやってきます。退職時の手続きも煩雑ですが、気持ちよく退職できるように、漏れがないように手続きすることも大切です。

退職を申し出てきたら

≪「退職願」を提出してもらう

　従業員が退職を申し出てきたら、まずは「退職願」を提出してもらいます。**退職の理由で行き違いがないように、必ず書面で提出してもらう**ようにします。

≪退職のルールをつくっておく

　急な退職は業務に支障をきたすので「退職を希望する従業員は30日以上前までに申し出ること」といった**ルールをつくって就業規則に記載しておきます。**また退職日までにしっかり引き継ぎをするよう指示します。

退職時の社会保険・雇用保険の手続き

≪❶ 健康保険・厚生年金保険 被保険者資格喪失届

　社会保険に加入している場合には、健康保険と厚生年金保険の資格を失うので、本人から**保険証を回収**し、退職日の翌日から5日以内に、「**健康保険・厚生年金保険 被保険者資格喪失届**」と一緒に所轄の年金事務所に提出します。扶養家族がいる場合には、家族の保険証も忘れずに提出してもらいましょう。

≪❷ 雇用保険 被保険者資格喪失届／離職票

　雇用保険も同じく、退職と同時に被保険者資格を失います。退職日の翌日から起算して10日以内に、「**雇用保険 被保険者資格喪失届**」を所轄のハローワークに提出します。また本人から、失業保険を受給するため「**離職票**」の発行の希望があった場合には、「**雇用保険 被保険者離職証明書**」も作成し、賃金台帳、出勤簿などを添付して、被保険者資格喪失届とあわせて提出します。

● 退職時の社会保険・雇用保険の手続き一覧

必要書類	届出先	いつまでに	添付書類
健康保険・厚生年金保険 被保険者資格喪失届	年金事務所	退職の翌日から 5日以内	保険証
雇用保険 被保険者 資格喪失届／離職証明書	ハローワーク	退職の翌日から 10日以内	賃金台帳 出勤簿

退職時の給与関連の手続き

≪❶ 給与所得の源泉徴収票

　退職した年の1月から退職日までの給与の総支給額、源泉徴収税額、社会保険料の額を記載した「**源泉徴収票**」を、退職日から1カ月以内に本人に交付します。

≪❷ 特別徴収にかかる給与所得者異動届出書

　住民税を給与から特別徴収している場合には、退職者の居住地の市区町村へ「**給与所得者異動届出書**」を提出します。

● 退職時の給与関連の手続き一覧

必要書類	届出先	いつまでに	添付書類
給与所得の源泉徴収票	退職者本人	退職から 1カ月以内	なし
特別徴収にかかる 給与所得者異動届出書	市町村	退職した月の 翌月10日まで	なし

60 解雇・解雇事由・解雇予告・解雇予告手当

従業員を雇ってみたけど、解雇したい！

入社してしばらくすると、面接や試用期間中にはわからなかった部分が見えてくることがあります。なかには遅刻や欠勤を繰り返したり、反抗的な態度を取るような問題のある従業員もいるかもしれません。そういうときでも解雇は簡単にできないので、注意が必要です。

解雇できる条件とは？

≪❶ 解雇に正当な理由があるか

要するに**誰が見ても、辞めさせられてもしかたないと思うような理由があるか**ということです。単に社長が気に入らないなどの理由では、解雇できません。

≪❷ 就業規則等に定めがあるか

就業規則に必ず記載しなければならない事項として「**解雇の事由**」があります。**こんなことがあったら解雇しますという理由を定めておき、その事由に該当している**ことが必要です。

● 解雇の事由（就業規則）例

> 第○条　普通解雇
> 会社は、従業員が次の各号の一に該当するときは、解雇する。
> （1）　勤務成績または業務能力が不良で、就業に適さないと認められたとき
> （2）　就業状況が不良で、従業員としての職責を果たし得ないと認められたとき

（次頁に続く）　**173**

(3) ほかの従業員との協調性を欠くことにより、業務に支障を生じさせたとき
(4) 会社の必要とする知識および技能の修得を怠ったとき
(5) 正当な理由なしに、出向、転勤、職種の変更または職制上の地位の変更を拒んだとき
(6) 試用期間中の従業員の健康状態、技能、勤務成績を審査した結果、従業員として不適格と認めたとき
(7) 精神または身体の障害などによって勤務に堪えられないと認めたとき
(8) 2週間以上にわたり欠勤し、かつ休職の事由にあたらないとき
(9) 会社が、労働基準法第81条に基づく打切補償を支払ったとき
(10) 業務上の傷病により、療養の開始後3年を経過しても当該疾病が治癒しない場合であって、労災保険から傷病補償年金を受けているとき、または同日後受けることとなったとき
(11) 会社が事業を継続することが不可能な状態となり、事業を終了、廃止をするとき
(12) やむを得ない事情により、事業の縮小、変更または部門の閉鎖などを行う必要が会社に生じ、従業員をほかの職務に転換させることが困難なとき
(13) 会社の信頼を損なう行為のあったとき
(14) そのほか前各号に準ずる事由があったとき

≪❸ 解雇禁止事由に該当していないか

　業務上の負傷、疾病による休業期間とその後の30日間、産前産後の休業期間とその後の30日間は解雇をしてはいけない期間として労働基準法に定められています。そのほか、女性労働者が結婚、妊娠、出産、産前産後の休業をしたことによる解雇、育児（介護）休業をしたことによる解雇なども法律によって禁止されています。

≪❹ 解雇予告を行っているか

　解雇するときは少なくとも30日前に解雇予告、もしくは解雇予告手当の支払いをしなくてはいけません。

解雇予告の基礎知識

≪解雇予告とは？

　労働者を解雇しようとするときは**少なくとも30日前に解雇の予告を行うか、もしくは「解雇予告手当」として30日分以上の平均賃金を支払わなくてはなりません。**予告の日数は予告手当を支払えば、その日数分短縮することができます。つまり解雇しようとする20日前に予告を行うのであれば、10日分の解雇予告手当の支払いが必要になります。

≪解雇予告の例外

　次の場合には解雇予告を行うことなく解雇することができます。

> ❶ 天災事変そのほかやむを得ない事由により、事業の継続が困難なとき
> ❷ 労働者の責に帰すべき事由により解雇するとき

　ただし、**所轄の労働基準監督署から解雇予告の除外認定を受けなくてはなりません。**上記❷において除外認定が下りるのは、従業員が会社の金品を着服したなど、重大で悪質なケースにかぎられます。
　また採用から14日以内の試用期間中の者も解雇予告は不要です（4章52）。

解雇をするデメリット

≪❶ 助成金をもらっている場合

　解雇をすると、その後一定期間助成金が受けられないなどのデメリットがあります。

≪❷ 労働裁判などもある

　その後裁判になったりすると、会社にとっても非常に不利な状況になりかねません。**安易に解雇せず、まずは話しあいで退職してもらう努力をするべき**です。解雇は最後の手段だと覚えておきましょう。

61 労災保険・業務災害・通勤災害

従業員が仕事中（通勤途中）にケガをした

業務中や通勤途中に起こった事故によるケガの治療費などは、労災保険から支給されます。通常の健康保険は使えません。ケガをした従業員が困らないよう、早めに手続きをしてあげましょう。

労災保険の基礎知識

≪業務災害と通勤災害とは？

業務が原因のケガや病気、またそれが原因で障害が残ったり死亡したりした場合を「**業務災害**」といい、労災保険から保険給付が行われます。一方、**通勤途中で起こった事故による傷病は「通勤災害」**と呼んで区別しています。請求書の様式も違うので注意が必要です。

≪労災保険はすべての従業員に適用

労災保険は業務中（通勤途中）に負ったケガであれば、正社員、アルバイト、パートタイマーを問わず、たとえ1日だけの日雇いであっても適用されます。

かかった治療費はどうなる？

≪労災指定の病院で治療を受けた場合

「療養（補償）給付たる療養の給付請求書」（様式5号、通勤災害の場合は様式16号の3）を病院に提出することによって、原則自己負担なしで治療を受けることができます。

≪労災指定ではない病院で治療を受けた場合

一度かかった費用を立て替えて、「**療養（補償）給付たる療養の費用請求書**」（様式7号、通勤災害の場合は様式16号の5）を労働基準監督署に提出することで、その額を労災保険に請求します。

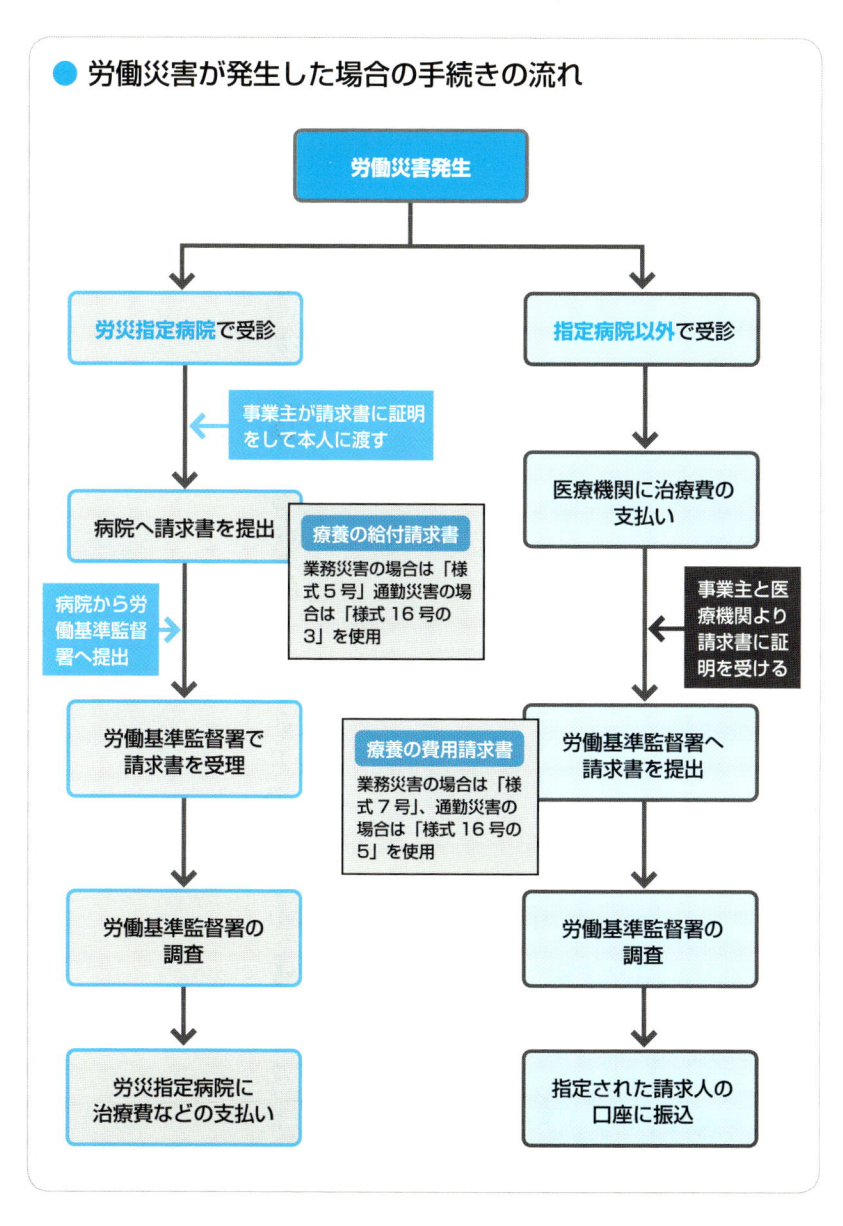

● 労働災害が発生した場合の手続きの流れ

```
                    労働災害発生
                  ／          ＼
          労災指定病院で受診    指定病院以外で受診
                │                    │
         事業主が請求書に証明       医療機関に治療費の
         をして本人に渡す           支払い
                │                    │
          病院へ請求書を提出    事業主と医療機関より
                │             請求書に証明を受ける
     ［療養の給付請求書］            │
     業務災害の場合は「様       労働基準監督署へ
     式5号」通勤災害の場        請求書を提出
     合は「様式16号の              │
     3」を使用              ［療養の費用請求書］
                │         業務災害の場合は「様
          労働基準監督署で    式7号」、通勤災害の
          請求書を受理       場合は「様式16号の
                │           5」を使用
          労働基準監督署の         │
          調査                労働基準監督署の
                │             調査
          労災指定病院に           │
          治療費などの支払い   指定された請求人の
                              口座に振込
```

病院から労働基準監督署へ提出

177

働けない期間の所得補償はあるの？

≪業務中にケガや病気になった場合

　従業員が業務中（通勤途中）に負った負傷や病気により、労働できずに賃金を受けられない場合には、**休業4日目より休業（補償）給付と休業特別支給金が受けられます。**請求は「**休業（補償）給付支給請求書**」（様式8号、通勤災害の場合は様式16号の6）に医師による証明をもらい、労働基準監督署に提出します。給付額は休業1日につき給付基礎日額（災害発生日前の3カ月間の賃金をその期間の総日数で除した額）の8割です。休業開始3日間は労災保険から給付されないので、事業主が1日につき平均賃金の6割以上の休業補償をする必要があります（通勤災害の場合は不要）。

≪そのほかの労災保険

● こんなときに使えるそのほかの労災保険

どういうときに？	保険給付の種類
療養開始後1年6カ月を経過しても病気やケガが治らず傷病等級に該当するとき	傷病補償年金、傷病年金
傷病は治ったが、障害等級に該当する障害が残ったとき	障害補償年金、障害年金、障害補償一時金、障害一時金
障害（補償）年金または傷病（補償）年金を受けている人で、障害が重く介護を受けているとき	介護補償給付、介護給付
従業員が亡くなったとき	遺族補償年金、遺族年金、遺族補償一時金、遺族一時金、葬祭料、葬祭給付
会社で行う定期健康診断で脳、心臓疾患の一定の項目で異常の所見があるとき	二次健康診断等給付

62 トライアル雇用奨励金・特定求職者雇用開発助成金

助成金を活用して人を雇ってみる

　助成金は融資と違って、国からもらえる返済不要のお金です。要件を満たしていればどんな会社でももらうことができます。厚生労働省が実施している助成金は、人を雇い入れたときや従業員の教育訓練を行ったときなどに活用することができます。

助成金をもらう前に知っておきたいこと

　雇用関係の助成金は、雇用保険の保険料を財源としています。助成金を受給するための最低条件は次の4つです。

> ❶ 労働保険、社会保険に加入していること
> ❷ 法律に則った労務管理をしていること
> ❸ 労働保険料をきちんと支払っていること
> ❹ 会社の都合で従業員を辞めさせていないこと

　助成金は手続きの順番を間違えると受給できません。たとえば人を雇ったときにもらえる助成金は、雇い入れる前に申請しなくてはいけないものがあります。その場合はすでに入社している人は対象にならないので、事前に手順を調べておく必要があります。受給の難易度が高い助成金は、社会保険労務士などの専門家に依頼するほうが確実です。
　助成金は予算の上限に達したところで打ち切りになるものもあるので、申請を考えている場合には早めに動きましょう。また助成金の申請はほとんどの場合、申請期限が非常に厳密に決められています。書類提出のタイミングをうっかりすぎてしまうと受給できなくなるので、慎重に行います。

また助成金は改正が頻繁に行われているので、ハローワークなどで最新の情報を集めるようにしましょう。人を雇い入れたときの主な助成金は次の2つです。

❶ トライアル雇用奨励金

　職業経験の不足などから、就職が困難な求職者を原則3カ月間試しに雇用してみて、その間に能力や適性などを見極め、本採用へ移行することを目的とした制度です。その試行雇用期間の間、対象者1人当たり「月額4万円（最高）×3カ月（最長）＝12万円」（母子家庭の母または父子家庭の父の場合は月額5万円)を受給することができます。対象となる求職者は、その職種が初心者の者にかぎられます。受給できる金額はさほど多くありませんが、活用しやすい助成金です。

● トライアル雇用奨励金の申請から受給までの流れ

❶ **ハローワークに求人票を出す**
通常の求人票では対象にならないので、「トライアル雇用の受け入れも可能である」ことを必ず伝える

❷ **ハローワークから、就職をするためにトライアル雇用が必要だと思われる労働者が紹介される**

❸ **雇い入れから2週間以内に「トライアル雇用実施計画書」を提出する**

❹ **トライアル雇用終了後2カ月以内に「トライアル雇用奨励金支給申請書」を提出する**

❷ 特定求職者雇用開発助成金（特定就職困難者コース）

　高年齢者、障害者、シングルマザー・ファーザーといった就職困難者をハローワークなどの紹介により、雇用保険の一般被保険者として雇い入れ

た場合、次の金額が支給されます。短時間労働者とは、1週間の所定労働時間が20時間以上30時間未満である人のことをいいます。

短時間労働者以外を雇った場合

対象労働者	中小企業	大企業
高年齢者（60歳以上65歳未満）、母子家庭の母など	60万円	50万円
身体・知的障害者	120万円	50万円
重度障害者、45歳以上の障害者、精神障害者	240万円	100万円

短時間労働者を雇った場合

対象労働者	中小企業	大企業
高年齢者（60歳以上65歳未満）、母子家庭の母など	40万円	30万円
重度障害者などを含む障害者	80万円	30万円

※ 上記の額を6カ月ごとに2〜4回に分割して支給されます。

● **特定求職者雇用開発助成金の申請から受給までの流れ**

❶ ハローワークに求人票を出す
　トライアル雇用と違い通常の求人票で可

❷ ハローワークからの紹介で対象労働者を雇い入れる

❸ 第1期支給申請　雇い入れから6カ月経過後、2カ月以内に申請をする

　　　　　　　　　2・3・4期の支給申請も同様

❹ 第2期支給申請　第1期の支給対象期からさらに6カ月経過したら、2カ月以内に申請をする

63 キャリアアップ助成金・正規雇用・人材育成

アルバイトを正社員にするなら「キャリアアップ助成金」

「パートタイマーやアルバイトを正社員にしたい」「今いる従業員の待遇を改善したい」というときは、事前にハローワークに届出をして、一定の要件を満たすと助成金がもらえる可能性があります。

キャリアアップ助成金（正社員化コース）

6カ月以上雇用している有期契約の非正規雇用の従業員や、正社員ではない無期雇用の従業員を正規雇用したり、派遣社員を直接雇用したときに受給できる助成金を**「キャリアアップ助成金の正社員化コース」**といいます。

主な要件は次のとおりです。

❶ 正規雇用への転換を制度として就業規則等に規定していること
❷ 事前にキャリアアップ計画書を提出し、労働局長の認定を受けること
❸ キャリアアップ計画書に基づいて対象従業員を正規雇用または無期雇用に転換し、その後6カ月雇用し、賃金を支払っていること

受給できる金額は次のようになっています。

	中小企業	大企業
有期雇用 ⇒ 正規雇用	57万円（72万円）/人	42万7,500円（54万円）/人
有期雇用 ⇒ 無期雇用	28万5,000円（36万円）/人	21万3,750円（27万円）/人
無期雇用 ⇒ 正規雇用	28万5,000円（36万円）/人	21万3,750円（27万円）/人

（ ）は生産性の向上が認められる場合に支給される額

≪生産性を向上させたら助成金が増額される

　助成金の支給申請を行う直近の会計年度における生産性がその3年度前に比べて**6%以上伸びていること**が要件です。生産性は次の計算式によって計算します。

$$\frac{営業利益＋人件費＋原価償却費＋動産・不動産賃借料＋租税公課}{雇用保険被保険者数}$$

キャリアアップ助成金（賃金規定等改定コース）

　有期契約労働者等の賃金を2%以上増額した場合に受け取れる助成金です。受給するには次の要件を満たす必要があります。

> ❶ 増額改定前の賃金規程等を3カ月以上運用していること
> ❷ すべて（または一部）の労働者の賃金規程を2%以上増額改定し、昇給させること
> ❸ 増額改定後の賃金規程等を6カ月以上運用していること
> ❹ 支給申請日において改定後の賃金規程等を継続して運用していること

受給できる金額は以下のとおりです。

> ❶ 事前にキャリアアップ計画書を提出し、労働局長の認定を受けること
> ❷ 訓練計画届を作成、提出し、労働局長の認定を受けること

受給できる金額は次のようになっています。

❶ すべての有期契約労働者などの賃金規程を2%以上増額改定した場合

対象労働者数	中小企業	大企業
1～3人 (1事業所あたり)	9万5,000円（12万円）	7万1,250円（9万円）
4～6人 (1事業所あたり)	19万円（24万円）	14万2,500円（18万円）
7～10人 (1事業所あたり)	28万5,000円（36万円）	19万円（24万円）
11～100人 (1人あたり)	2万8,500円（3万6,000円）	1万9,000円（2万4,000円）

1年度1事業所あたりの支給申請上限人数は100人まで
（　）は生産性の向上が認められる場合に支給される額

❷ 一部の有期契約労働者等の賃金規程を2%以上増額改定した場合

対象労働者数	中小企業	大企業
1～3人 （1事業所あたり）	4万7,500円（6万円）	3万3,250円（4万2,000円）
4～6人 （1事業所あたり）	9万5,000円（12万円）	7万1,250円（9万円）
7～10人 （1事業所あたり）	14万2,500円（18万円）	9万5,000円（12万円）
11～100人 （1人あたり）	1万4,250円（1万8,000円）	9,500円（1万2,000円）

1年度1事業所あたりの支給申請上限人数は100人まで
（　）は生産性の向上が認められる場合に支給される額

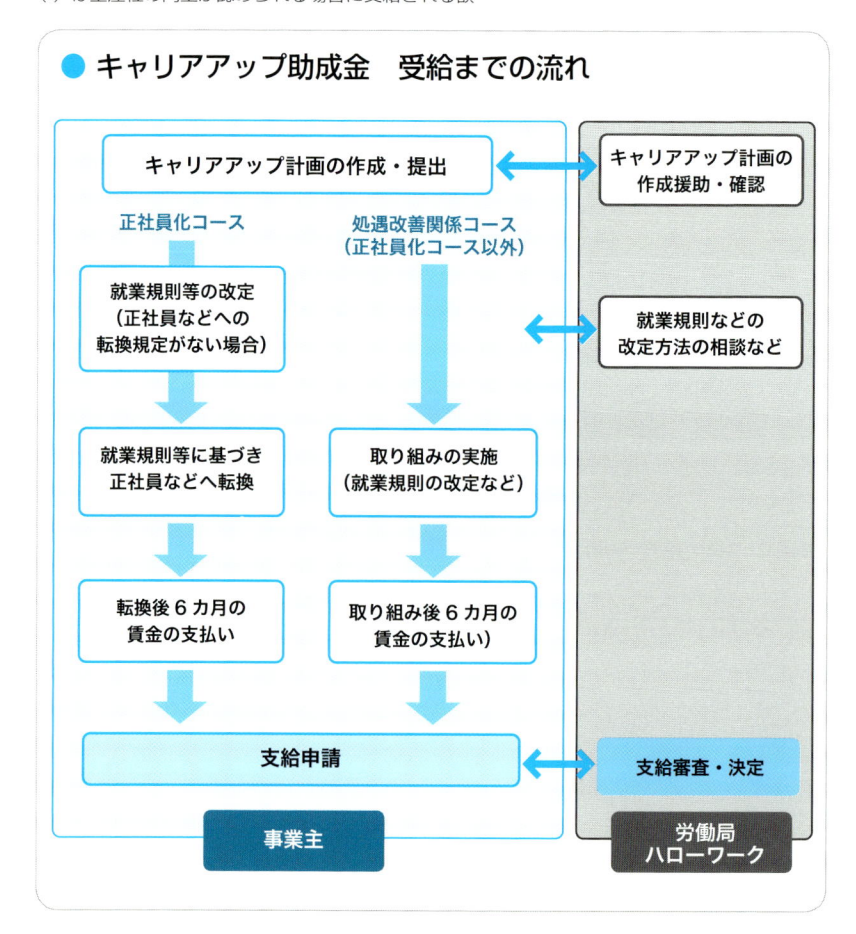

● キャリアアップ助成金　受給までの流れ

```
キャリアアップ計画の作成・提出 ⇔ キャリアアップ計画の作成援助・確認

正社員化コース          処遇改善関係コース
                       （正社員化コース以外）

就業規則等の改定
（正社員などへの
転換規定がない場合）                    ⇔ 就業規則などの改定方法の相談など
    ↓                      ↓
就業規則等に基づき      取り組みの実施
正社員などへ転換       （就業規則の改定など）
    ↓                      ↓
転換後6カ月の          取り組み後6カ月の
賃金の支払い           賃金の支払い
    ↓                      ↓
         支給申請      ⇔ 支給審査・決定

事業主                 労働局
                       ハローワーク
```

第 5 章

大事な大事な給与計算

　従業員のみなさんが毎月心待ちにしているお給料。会社としても「いつもお疲れさま」という気持ちを込めて、ちゃんと渡したいものです。
　でも、給与の金額が間違っていたらどうでしょうか？
　給与支払い日がずれたらどうでしょうか？
　あまりたびたび間違えると従業員との信頼関係にヒビが入ってしまうかもしれません。
　給与計算は思いのほか煩雑で難しい作業なので、1つひとつの項目をしっかり理解しましょう。

● この章の目標

> ❶ 給与明細書の見方を知る
> ❷ 給与計算作業の流れを知る
> ❸ 給与にまつわるルールを知る

　サラリーマンのときにもらっていた給与明細書を見比べながら勉強していきましょう。

64 給与・賃金・手当

そもそも給与って何？

　給与は従業員が一番重視する労働条件の1つです。給与の決め方は会社によってさまざまですが、行きあたりばったりの不公平な取り扱いをすると、従業員のみなさんとの信頼関係を崩すことになりかねません。「賃金規程」を作成し、ルールを統一しておきましょう。

給与の基礎知識

　法律で、次のように定義されています。ちなみに**労働基準法では、給与のことを賃金と呼びます**。

> 賃金とは、賃金、給料、手当、賞与そのほか名称の如何を問わず、労働の対償として使用者が労働者に支払うすべてのものをいう

≪ノーワークノーペイの原則

　給与は労働の対価として支払われるものなので、**欠勤、遅刻、早退など労務の提供がない時間には給与を支払う義務はありません。**

給与はどうやって決めるのか？

　給与をいくらにするのかは、**最低賃金**※**を上回っていれば、会社が自由に決めることができます。**ただしあまりに世間の水準からかけ離れていたり、人によって不公平な取り扱いをすると従業員の不満が募ることになります。同業他社や世間の賃金水準、会社の業績見込みなどを考慮して、決定するといいでしょう。

※ 最低賃金とは、その名のとおり最低限支払わなくてはならない賃金の下限額のことです（厚生労働省のサイト：http://pc.saiteichingin.info/table/page_list_nationallist.php 参照）。

≪基本給の決め方

年齢や勤続年数、経験、能力などを総合的に評価して決めます。また従業員の雇用形態によって、時給、日給、月給と、賃金の形態を変えることもできます。

≪通勤手当の決め方

法的に必ず支給しなければいけない手当ではありませんが、**1カ月の定期代、ガソリン代などの実費を支給するのが一般的**です。「1カ月2万円まで」など、上限を決めて支給してもかまいません。

≪そのほかの手当の決め方

役職手当、住宅手当、家族手当、営業手当なども法的に支給する義務はありません。給与は1度上げてしまうと、会社の業績が悪くなっても、下げることが非常に難しいので、支給基準が曖昧な手当は安易に増やさないようにします。

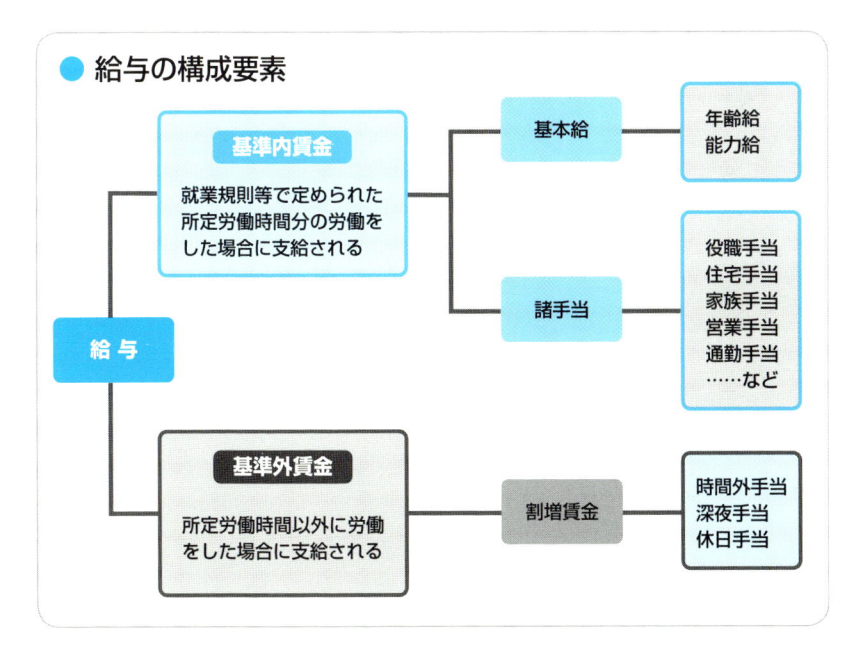

● 給与の構成要素

給与
- 基準内賃金（就業規則等で定められた所定労働時間分の労働をした場合に支給される）
  - 基本給 → 年齢給／能力給
  - 諸手当 → 役職手当／住宅手当／家族手当／営業手当／通勤手当……など
- 基準外賃金（所定労働時間以外に労働をした場合に支給される）
  - 割増賃金 → 時間外手当／深夜手当／休日手当

65 給与・賃金・賃金支払いの5原則

給与を支払うときの約束事
～賃金支払いの5原則～

　給与はいうまでもなく、従業員の生活を支える最も重要なものです。その給与が支払われないようなことがあっては大変なので、確実に従業員に支払われるように、労働基準法で「賃金支払いの5原則」というルールが定められています。

賃金支払いの5原則

≪❶ 通貨払いの原則

　賃金は通貨で支払わなくてはいけません。つまり小切手や自社製品などの現物で支払ってはいけないということです。また最近では一般的になっている銀行振込も、本来は通貨払いの原則に反することですが、従業員の同意を得た場合には、従業員の指定する口座への振込が可能です。

≪❷ 直接払いの原則

　賃金は従業員本人に直接支払わなくてはなりません。たとえ配偶者や保護者であっても、本人以外に支払うことはできません。ただし従業員が病気やケガをしていて取りに来られない場合には、代わりの人が使者として受け取ることは可能です。

≪❸ 全額払いの原則

　賃金は全額を支払わなくてはなりません。口座振込の手数料を控除したり、会社の立替金を勝手に相殺することはできません。ただし、法律で控除してもいいと認められているもの（所得税、住民税、社会保険料）は控除することができます。

　労使協定を締結すれば、ほかにも社宅の利用料、社員旅行や共済会の積

立金などを控除することが可能になります。

≪❹ 毎月払いの原則

賃金は少なくとも毎月1回は支払わなくてはいけません。たとえ年棒制を採用していても、毎月1回以上支払わなくてはなりません。

≪❺ 一定期日払いの原則

賃金は「毎月25日」など決まった日に支払わなくてはなりません。「毎月末」など期日が特定できれば差し支えありませんが、「毎月第3金曜日」といった決め方だと、月によって支払日にズレが出てしまいます。このような期日が特定できないような決め方は認められません。

● 賃金支払いの5原則とその例外

原則	例外
❶ 通貨払い	・従業員の同意があれば銀行振込ができる ・労働組合との「労働協約」で定めていれば、定期券や住宅貸与などの現物給付が可能（労働組合がない場合には不可） ・退職金にかぎり小切手、郵便為替での支払いができる（本人の同意が必要）
❷ 直接払い	・使者（妻、子など）への支払い
❸ 全額払い	・法定控除（所得税、住民税、社会保険料） ・労使協定を結べば、社宅の利用料、労働組合費、財形貯蓄などの控除
❹ 毎月払い	・臨時に支払われる賃金、賞与、そのほかこれに準ずるもの ・1カ月を超える期間の出勤成績による精勤手当 ・1カ月を超える一定期間の継続勤務による勤続手当
❺ 一定期日払い	

年俸制の人も、分割して毎月支払う必要があります。

66 残業・割増賃金・法定労働時間・法定休日

残業させたら割増賃金を払わなくてはいけない

36協定（第4章58参照）を結べば、残業は可能になります。残業をしてもらったら、通常の賃金に加えて割増賃金（いわゆる残業代）を支払わなくてはなりません。

割増賃金の基礎知識

≪❶ 時間外労働に対する割増賃金

1日8時間、1週40時間の法定労働時間（第4章54参照）を超えて労働させた場合には、**通常の賃金に加えて2割5分以上の割増賃金を支払わなくてはなりません**。また1カ月の時間外労働が60時間を超えた場合には、5割以上の割増賃金を支払うか有給休日を与える必要があります（ただし、中小企業は2023年（令和5年）まで猶予措置があります）。

≪❷ 深夜労働に対する割増賃金

午後10時から翌朝の午前5時までの間に労働させた場合には、**通常の賃金に加えて2割5分以上の割増賃金を支払わなくてはなりません**。たとえば、残業をしていて午後10時をすぎてしまった場合には、❶の時間外労働の割増率と深夜労働の割増率を加算して5割以上の割増賃金を支払う必要があります。

≪❸ 休日労働に対する割増賃金

法定休日として、週に1日の休日（もしくは4週のうちに4日）を与えなくてはいけませんが、この**法定休日**（第4章56参照）**に労働させた場合には、通常支払われる賃金に3割5分以上の割増賃金を支払わなくてはなりません**。

割増賃金の計算方法

月給制の人の場合には、1時間あたりの単価を算出してから割増率を掛けます。

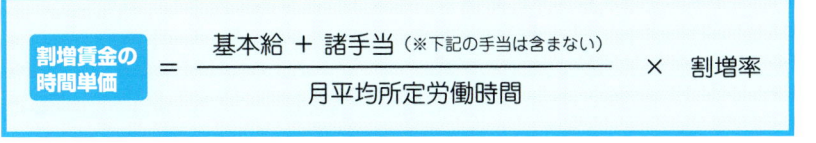

$$\text{割増賃金の時間単価} = \frac{\text{基本給} + \text{諸手当}（※下記の手当は含まない）}{\text{月平均所定労働時間}} \times \text{割増率}$$

● **割増賃金算定の際に除外する賃金**※

- 家族手当
- 通勤手当
- 別居手当
- 子女教育手当
- 住宅手当
- 臨時に支払われた賃金
- 1カ月を超える期間ごとに支払われる給与

● **割増賃金の一覧**

❶	時間外労働（法定労働時間を超える労働）	25%以上
❷	深夜労働（午後10時〜午前5時までの労働）	25%以上
❸	休日労働（法定休日の労働）	35%以上
❹	時間外労働が深夜の時間帯になった場合（❶＋❷）	25% + 25% = 50%以上
❺	法定休日に8時間以上働いた場合	35%以上
❻	休日労働が深夜の時間帯になった場合（❸＋❷）	35% + 25% = 60%以上

例　時給1,000円（休憩1時間）の場合

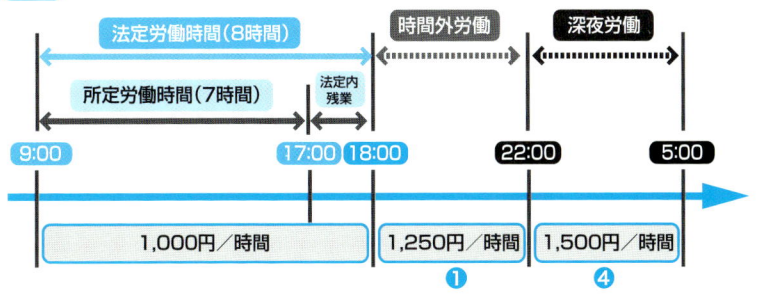

法定労働時間（8時間）
所定労働時間（7時間）　法定内残業
時間外労働
深夜労働

9:00　17:00　18:00　22:00　5:00

1,000円／時間　1,250円／時間 ❶　1,500円／時間 ❹

67 給与明細書

給与明細書を見てみよう

毎月もらっている給与明細書の中身まではあまり気にしていないかもしれません。起業したら自分で給与計算をすることになるので、給与明細書の支給項目、控除項目のそれぞれの内容をしっかり理解しておきましょう。

給与明細書の中身

≪❶ 勤怠内訳

　給与計算期間に出勤した日数、欠勤した日数、労働時間、残業時間、有給休暇取得日数など、各従業員の勤務状況が記載されます。これに応じて給与の支給額が決まるので、**労働時間の集計などは慎重に行います。**

≪❷ 支給項目

　基本給や各種の手当など毎月決まった手当（基準内賃金）と時間外労働や休日労働をさせた場合に支払う時間外手当（基準外賃金）を合計して「**総支給額**」を求めます。また欠勤、遅刻、早退をした場合の欠勤控除、遅早控除は支給項目に記載されます。つまり総支給額は、次のようになります。

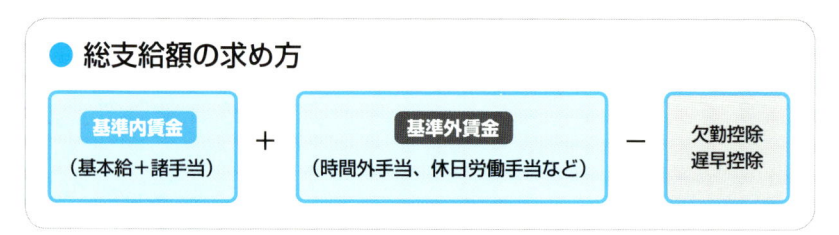

● 総支給額の求め方

| 基準内賃金
（基本給＋諸手当） | ＋ | 基準外賃金
（時間外手当、休日労働手当など） | － | 欠勤控除
遅早控除 |

≪❸ 控除項目

　給与は、賃金支払いの5原則（5章65参照）によって全額支払わなけれ

ばならないとされています。その例外が社会保険料、所得税、住民税で、法令で給与から控除することが認められています（法定控除）。これらを控除して最終的な「**差引支給額（いわゆる手取り額）**」を決定します。

● 給与明細書の見方

例 男性、45歳、扶養家族：妻・長男17歳・長女13歳の場合

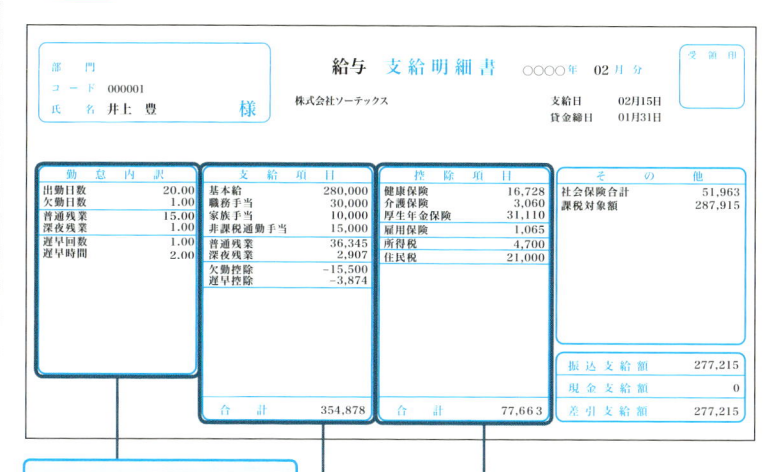

給与 支給明細書 ○○○○年 02月分			
部門 コード 000001 氏名 井上 豊　様	株式会社ソーテックス	支給日 02月15日 賃金締日 01月31日	受領印

勤怠内訳		支給項目		控除項目		その他	
出勤日数	20.00	基本給	280,000	健康保険	16,728	社会保険合計	51,963
欠勤日数	1.00	職務手当	30,000	介護保険	3,060	課税対象額	287,915
普通残業	15.00	家族手当	10,000	厚生年金保険	31,110		
深夜残業	1.00	非課税通勤手当	15,000	雇用保険	1,065		
遅早回数	1.00	普通残業	36,345	所得税	4,700		
遅早時間	2.00	深夜残業	2,907	住民税	21,000		
		欠勤控除	-15,500				
		遅早控除	-3,874				
						振込支給額	277,215
						現金支給額	0
		合計	354,878	合計	77,663	差引支給額	277,215

❶ 勤怠内訳
普通残業、深夜残業：残業や休日労働をさせるには「36協定」を締結して、労働基準監督署に提出しなければなりません。また残業させられる時間には上限があることに注意しましょう（第4章58参照）

❷ 支給項目
普通残業、深夜残業手当：残業をさせたら割増賃金を支払わなくてはなりません（第5章66参照）。
欠勤控除、遅早控除：労務の提供がない時間は給与を支払う義務はありません。これをノーワークノーペイの原則といいます（第5章64参照）

❸ 控除項目
健康保険、介護保険、厚生年金保険：毎年4～6月に支給された給与（交通費含む）で保険料が決定されます。給与に大きな変動がなければ原則1年間同額を控除します（第5章70参照）
所得税：❷の合計金額から健康保険、介護保険、厚生年金保険、雇用保険を控除した金額を源泉徴収税額表（月額表）にあてはめて計算します（第5章68参照）。
住民税：市町村から送られてきた「特別徴収税額決定通知書」に基づいた金額を控除します（第5章69参照）
16歳未満の扶養親族は所得税の控除対象外です（第5章73参照）

68 源泉所得税・源泉徴収・扶養控除等（異動）申告書

源泉所得税の計算のしかた

　従業員に給与を支払うときは、給与から所得税を引き、その預かった所得税を会社が本人に代わって納付しなければなりません。これを源泉徴収制度といいます。

源泉所得税の基礎知識

≪源泉所得税の計算方法（従業員への給与の場合）

　給与の源泉所得税は国税庁が定める「**源泉徴収税額表**」（右頁参照）によって計算します。源泉徴収税額表には「月額表」「日額表」「賞与に対する算出率の表」がありますが、給与の支払いが月払いや半月ごと、10日ごとなどのときは「月額表」、日払いや週払いのときは「日額表」を使います。

　また表には「甲」「乙」「丙」と3種類の欄があり、雇用形態によって使用する欄が異なります。

甲欄　いわゆる**フルタイムのサラリーマンは甲欄**を使用し、扶養家族の人数に応じた税額が記載されています。3種類の中では一番所得税が安く設定されていますが、**甲欄の適用を受けるためには「給与所得者の扶養控除等（異動）申告書」という書類を会社に提出しなければなりません。**

乙欄　「給与所得者の扶養控除等（異動）申告書」の提出がない場合には乙欄を使います。「給与所得者の扶養控除等（異動）申告書」は1社にしか提出できないので、**複数の会社に勤務している場合、年末調整を行うメインの会社に提出し、それ以外の会社からの給与については乙欄を使用します。**

丙欄　丙欄は日額表にのみあり、**日雇いの人や短期間雇い入れるアルバイト**などに給与を支払う場合に使います。

≪月額表の見方

　給与の総支給額から、通勤手当などの非課税のものを引いた課税合計額を求めます。そこから社会保険料（健康保険、介護保険、厚生年金保険、雇用保険）の合計額を控除して「社会保険料控除後の金額」を求めます。**「社会保険料控除後の金額」と「扶養親族の数」が交差する欄の金額が控除すべき所得税の額**になります。

源泉徴収した所得税はいつ納付する？

　原則として天引きした日の翌月10日までに納付します。給与を支払う従業員が常時9名以下の場合には、給与や士業にかかる源泉所得税の納付を年に2回にすることができる特例（**納期の特例**）があります。ただし、事前の届出が必要です。納期の特例を受けた場合の納付期限は1月から6月に天引きした分については7月10日、7月から12月に天引きした分については翌年1月20日までとなります。

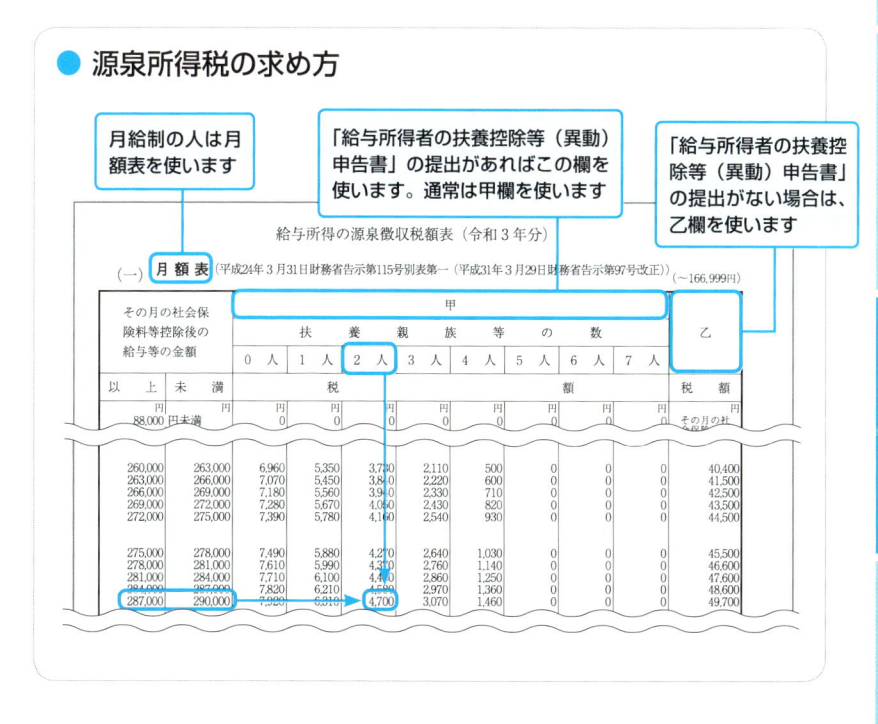

● 源泉所得税の求め方

月給制の人は月額表を使います

「給与所得者の扶養控除等（異動）申告書」の提出があればこの欄を使います。通常は甲欄を使います

「給与所得者の扶養控除等（異動）申告書」の提出がない場合は、乙欄を使います

給与所得の源泉徴収税額表（令和3年分）

（一）　**月　額　表**（平成24年3月31日財務省告示第115号別表第一（平成31年3月29日財務省告示第97号改正））　　　　　　　　　　（〜166,999円）

その月の社会保険料等控除後の給与等の金額		甲								乙
		扶　養　親　族　等　の　数								
		0人	1人	2人	3人	4人	5人	6人	7人	
以　上	未　満	税						額	税　額
	88,000 円未満	円	円	円	円	円	円	円	円	その月の社…
		0	0	0	0	0	0	0	0	
260,000	263,000	6,960	5,350	3,730	2,110	500	0	0	0	40,400
263,000	266,000	7,070	5,450	3,840	2,220	600	0	0	0	41,500
266,000	269,000	7,180	5,560	3,940	2,330	710	0	0	0	42,500
269,000	272,000	7,280	5,670	4,050	2,430	820	0	0	0	43,500
272,000	275,000	7,390	5,780	4,160	2,540	930	0	0	0	44,500
275,000	278,000	7,490	5,880	4,270	2,640	1,030	0	0	0	45,500
278,000	281,000	7,610	5,990	4,380	2,760	1,140	0	0	0	46,600
281,000	284,000	7,710	6,100	4,490	2,860	1,250	0	0	0	47,600
284,000	287,000	7,820	6,210	4,590	2,970	1,360	0	0	0	48,600
287,000	290,000	7,920	6,310	4,700	3,070	1,460	0	0	0	49,700

69 住民税・特別徴収・普通徴収・納付特例

住民税の特別徴収って何？

　所得税の源泉徴収と同じように、会社は毎月支払う給与から住民税を控除し、本人に代わって従業員が住む市町村へ納付しなければなりません。これを「特別徴収」といいます。

住民税の基礎知識

　住民税とは、都道府県や市町村が行う行政サービスにかかる経費を、その市町村の住民が前年の所得に応じて負担する税金のことで、毎年1月1日現在に居住している市町村に納付します。

住民税の納付方法

≪特別徴収は会社の義務

　住民税の特別徴収は本来会社の義務であり、手間がかかるとか従業員が希望していないからという理由で、納付の方法を選べるものではありません。会社員の住民税は12分割され毎月給与から天引きされます。それを会社が取りまとめ、翌月10日までに各市町村へ納付します。パートタイマーやアルバイトも特別徴収をします。

　給与の支払いを受ける者が常時10人未満の事業所については、納付を年2回にすることができる特例があります。この特例を受けるには、「**特別徴収税額の納期の特例に関する申請書**」を提出し承認を受けなければなりません。この承認を受けると6月から11月までに徴収した税額は12月10日までに、12月から翌年5月までに徴収した税額は6月10日までに、まとめて納付することができます。この特例はあくまで納期の特例なので、従業員からは毎月控除する必要があります。

特別徴収の流れ

≪❶ 住民税額の決定

毎年1月31日までに従業員の居住地である各市町村に「**給与支払報告書**」（第5章73参照）を提出します。市町村は給与支払報告書をもとに各人の住民税額を決定し、毎年5月31日までに各会社へ「**特別徴収税額決定通知書**」を送付します。

≪❷ 住民税の徴収と納付

会社は送付された通知書に基づいて、毎年6月から翌年の5月までの住民税額を毎月の給与から控除し、翌月10日までに各市町村に納付します。

≪❸ 従業員が退職した場合

住民税の残額を最後の給与で一括して徴収する「**一括徴収**」にするか、退職後自分で支払う「**普通徴収**」にするかを決めて、「**給与支払報告・特別徴収にかかる給与所得者異動届出書**」を市町村に提出します。なお、1月1日から4月30日の間に退職した場合は、原則一括徴収することになります。

● 住民税の特別徴収事務の流れ

① 毎年1月31日までに、1月1日現在の従業員の居住地に前年1～12月分の「給与支払報告書」を提出する

↓

② 毎年5月31日までに、各市区町村から「特別徴収税額決定通知書」が送付される

↓

③ 6月から翌年5月まで通知された住民税額を毎月の給与から控除する

↓

④ 徴収した月の翌月10日までに、金融機関を通じて納付する

70 社会保険料・標準報酬月額

社会保険料の計算のしかた

給与から控除する社会保険料は「標準報酬月額」を基準として決定されます。また社会保険料は毎月変動するものではなく、一定期間は毎月同じ額を控除します。

社会保険料の基礎知識

社会保険料とは、ここでは健康保険料、厚生年金保険料のことをいいます。また40歳以上65歳未満の人には介護保険料もかかります。

労務の対償として会社から支払われるすべての報酬から、臨時に支払われるものや3カ月を超える期間ごとに受ける賞与などを除いた「報酬月額」を計算します。それを保険料額表にあてはめて、該当する等級の標準報酬月額に保険料率を掛けることで、保険料を決定します。なお所得税の計算では非課税とされている通勤手当は、社会保険料の算定では含まれることに注意しましょう。

例　新入社員のAさんの場合

基本給：17万円、職務手当：2万円、通勤手当：1万5,000円、
時間外手当（見込み）3万円　　　　　　合計　23万5,000円

手順① 右頁の表にあてはめると標準報酬月額は<u>24万円</u>となります。
手順② 健康保険料は、40歳未満の人は「介護保険第2号被保険者に該当しない場合」の折半額の金額（Aさんの場合1万1,844円）を、40歳以上の人は「介護保険第2号被保険者に該当する場合」折半額の金額を給与から控除します。

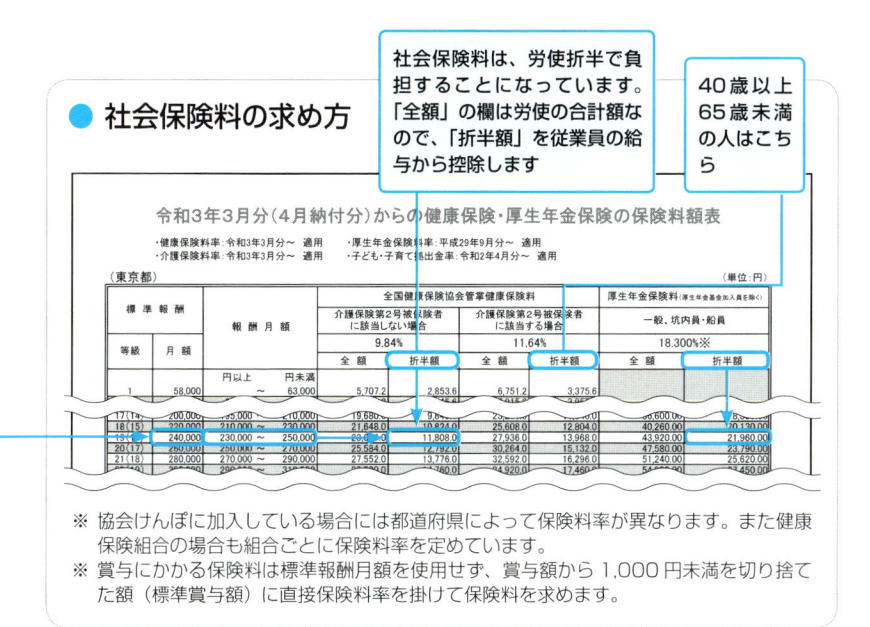

社会保険料の求め方

> 社会保険料は、労使折半で負担することになっています。「全額」の欄は労使の合計額なので、「折半額」を従業員の給与から控除します

> 40歳以上65歳未満の人はこちら

令和3年3月分（4月納付分）からの健康保険・厚生年金保険の保険料額表

・健康保険料率：令和3年3月分～　適用　　・厚生年金保険料率：平成29年9月分～　適用
・介護保険料率：令和3年3月分～　適用　　・子ども・子育て拠出金率：令和2年4月分～　適用

（東京都）　　　　　　　　　　　　　　　　　　　　　　　　　　　　　　（単位：円）

標準報酬		報酬月額		全国健康保険協会管掌健康保険				厚生年金保険料（厚生年金基金加入員を除く）	
				介護保険第2号被保険者に該当しない場合 9.84%		介護保険第2号被保険者に該当する場合 11.64%		一般、坑内員・船員 18.300%※	
等級	月額			全額	折半額	全額	折半額	全額	折半額
		円以上	円未満						
1	58,000	～	63,000	5,707.2	2,853.6	6,751.2	3,375.6		
17(14)	200,000	195,000～	210,000	19,680.0	9,840.0	23,280.0	11,640.0	36,600.0	18,300.0
18(15)	220,000	210,000～	230,000	21,648.0	10,824.0	25,608.0	12,804.0	40,260.0	20,130.0
19(16)	240,000	230,000～	250,000	23,616.0	11,808.0	27,936.0	13,968.0	43,920.0	21,960.0
20(17)	260,000	250,000～	270,000	25,584.0	12,792.0	30,264.0	15,132.0	47,580.0	23,790.0
21(18)	280,000	270,000～	290,000	27,552.0	13,776.0	32,592.0	16,296.0	51,240.0	25,620.0
				29,520.0	14,760.0	34,920.0	17,460.0	54,900.0	27,450.0

※　協会けんぽに加入している場合には都道府県によって保険料率が異なります。また健康保険組合の場合も組合ごとに保険料率を定めています。

※　賞与にかかる保険料は標準報酬月額を使用せず、賞与額から1,000円未満を切り捨てた額（標準賞与額）に直接保険料率を掛けて保険料を求めます。

手順❸　厚生年金保険料は、「一般の被保険者」の折半額の金額を控除します（Aさんの場合2万1,960円）。

標準報酬月額を決定するのはいつ？

　従業員が入社した際に、就業規則や雇用契約に基づいて支給される**固定的賃金**に加え、見込みの残業代を含めた金額を標準報酬月額として決定します。その後は、毎年4、5、6月に支払われた報酬の総額を3で割った金額をもとに、標準報酬月額の見直しを行います（**定時決定**）。

　また、昇給や降給により固定的な賃金が大幅に変動した場合、変動した月から3カ月間の報酬月額の平均額を算出し、標準報酬月額を変更します。これを「**随時改定**」といいます。

● 通勤手当の取り扱いの違い

社会保険料、労働保険料の計算	含める
所得税の計算	一定額までは含めない
割増賃金の計算	含めない（第5章66参照）

199

71 社会保険料・労働保険料・年度更新
社会保険料と労働保険料の納め方

　給与から控除した健康保険料（介護保険料）と厚生年金保険料は、翌月末日までに毎月納付することになります。これに対して、雇用保険料は全額会社負担の労災保険料と一緒に、年に1回（金額によっては3回）納付します。

社会保険料の徴収と納付方法

　社会保険料（健康保険料と厚生年金保険料）は、被保険者の資格を取得した月から**資格を喪失した月の前月まで**徴収します。社会保険料は労使折半で負担することになっているので、**会社は従業員の給与から控除した保険料と会社負担分の保険料をあわせて、翌月末日までに年金事務所や健康保険組合に納付します**。納付方法は口座振替が一般的です。

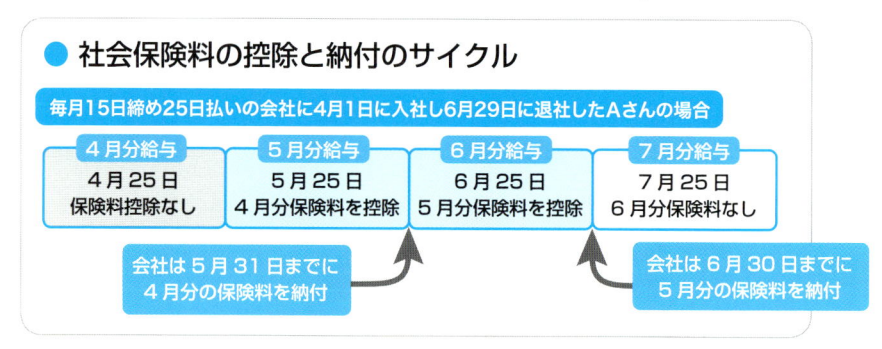

● 社会保険料の控除と納付のサイクル

毎月15日締め25日払いの会社に4月1日に入社し6月29日に退社したAさんの場合

4月分給与	5月分給与	6月分給与	7月分給与
4月25日 保険料控除なし	5月25日 4月分保険料を控除	6月25日 5月分保険料を控除	7月25日 6月分保険料なし

会社は5月31日までに4月分の保険料を納付
会社は6月30日までに5月分の保険料を納付

　給与から控除する社会保険料は翌月控除が原則です（**例** 4月分の保険料は5月支給分給与から控除する）。また保険料は資格を取得した月から（ここでは4月）資格を喪失した月の前月（ここでは5月）まで徴収します。また月の途中で資格取得をしたとしても、保険料は1カ月分徴収さ

れます。なお**資格喪失日は退職日の翌日のことをいいます。**

労働保険料の徴収と納付方法

≪労働保険の年度更新手続き

　労働保険料（労災保険料と雇用保険料）は、毎年4月1日から翌年3月31日までに支払った賃金総額（交通費や賞与も含めます）に保険料率を掛けて計算します。その年の賃金総額は4月の時点ではまだわからないので、とりあえず概算で労働保険料（**概算保険料**）を申告・納付し、翌年賃金総額が確定した時点で正しい保険料額（**確定保険料**）を計算します。そしてその差額と翌年の概算保険料を申告・納付するという作業を毎年繰り返します。計算した保険料は、**毎年6月1日から7月10日までに1年分を申告・納付しなければなりません。**ただし概算保険料額が40万円以上の場合には、3回に分けて納付（延納）することができます。

≪労災保険の保険料

　その年の賃金総額に業種ごとに定められた保険料率を掛けて計算します。労災保険料は全額事業主負担なので、従業員の給与から控除することはありません。

≪雇用保険の保険料

　従業員の給与から控除する雇用保険の保険料は交通費や残業代も含めた賃金月額に雇用保険の保険料率（第4章48参照）を掛けて計算します。

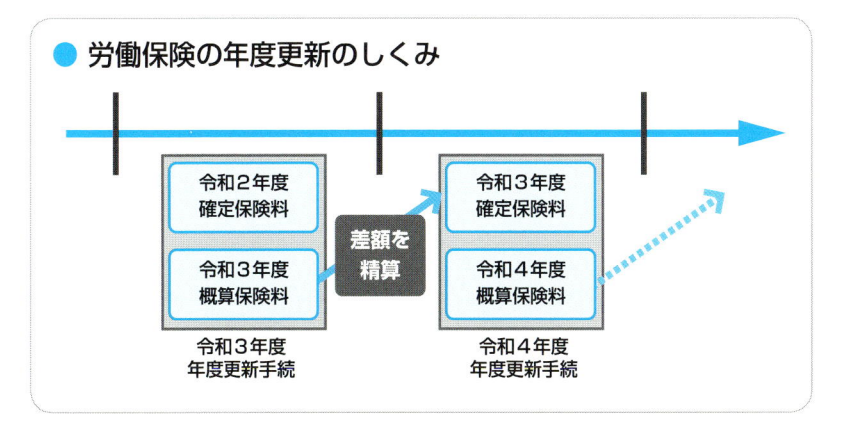

● 労働保険の年度更新のしくみ

令和3年度年度更新手続	令和4年度年度更新手続
令和2年度確定保険料 令和3年度概算保険料	令和3年度確定保険料 令和4年度概算保険料

差額を精算

72 年末調整・扶養控除等（異動）申告書・保険料控除申告書

年末調整のしくみを知っておこう

毎月の給与や賞与を支払うときに控除している所得税は、実は概算の額です。そのため、1年間で控除された所得税の合計額と本来納めるべき税額とは差が生じるのが普通です。その精算の作業を年末調整といいます。

年末調整の基礎知識

年末調整とは、毎年1月1日から12月31日までに支払った給与や賞与から控除された源泉所得税を精算する手続きのことです。

月々控除している金額と実際の納税額に差が生じるのは、月々の給与計算のときに配偶者特別控除や生命保険料控除などを考慮しないで計算していたり、年の途中で扶養親族などに異動があっても、わざわざさかのぼって修正をしたりしないからです。

年末調整の対象となるのは、原則として会社に「給与所得者の扶養控除等（異動）申告書」を提出している人で、年末まで勤務している人は全員行わなければなりません。ただし対象とならない人もいます（下表参照）。

● 年末調整の対象となる人・ならない人

年末調整の対象となる人	年末調整の対象とならない人
❶ 1年を通じて勤務している人 ❷ 年の途中で就職し、年末まで勤務している人 ❸ 年の途中で退職した人のうち、次の人 ・死亡により退職した人 ・著しい心身の障害のため退職した人で、その退職の時期から見て、本年中に再就職ができないと見込まれる人	❶ その年の給与の収入金額が2,000万円を超える人 ❷ 災害により被害を受けて、その年の給与の源泉所得税の徴収猶予または還付を受けている人 ❸ 2カ所以上から給与の支払いを受けている人で、ほかの会社で「扶養控除等（異動）申告書」を提出している人

- 12月中に支給される給与をもらったあとに退職した人
- いわゆるパートタイマーが退職した場合で、本年中に支払いを受ける給与の総額が103万円以下である人で、その年に他社から給与をもらう見込みのない人
❹ 年の途中で海外の支店に転勤したなどの理由により、非居住者（1年以上国内に住所を有しない人）となった人

❹ 年末調整を行うときまでに「扶養控除等（異動）申告書」を提出していない人（乙欄適用者）
❺ 年の途中で退職した人
❻ 非居住者

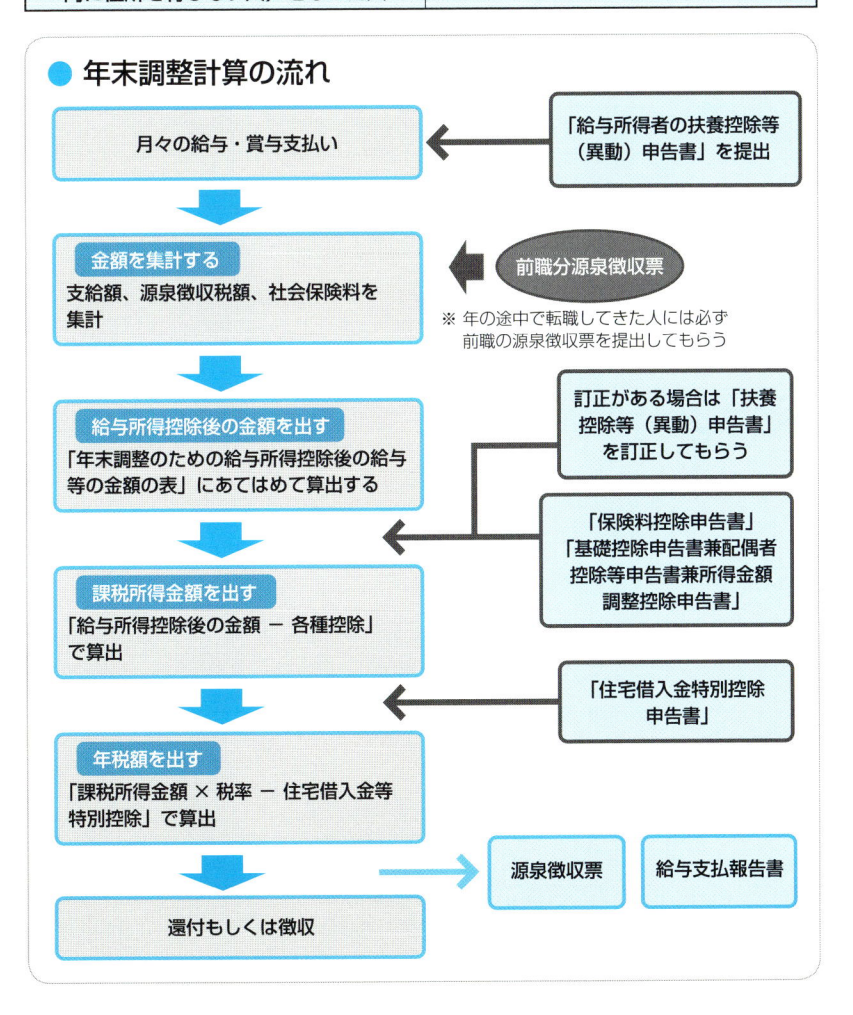

● 年末調整計算の流れ

月々の給与・賞与支払い
← 「給与所得者の扶養控除等（異動）申告書」を提出

↓

金額を集計する
支給額、源泉徴収税額、社会保険料を集計
← 前職分源泉徴収票
※ 年の途中で転職してきた人には必ず前職の源泉徴収票を提出してもらう

↓

給与所得控除後の金額を出す
「年末調整のための給与所得控除後の給与等の金額の表」にあてはめて算出する
← 訂正がある場合は「扶養控除等（異動）申告書」を訂正してもらう

↓

課税所得金額を出す
「給与所得控除後の金額 － 各種控除」で算出
← 「保険料控除申告書」「基礎控除申告書兼配偶者控除等申告書兼所得金額調整控除申告書」

↓

年税額を出す
「課税所得金額 × 税率 － 住宅借入金等特別控除」で算出
← 「住宅借入金特別控除申告書」

↓

→ 源泉徴収票　給与支払報告書

還付もしくは徴収

73 年末調整・扶養控除等（異動）申告書・保険料控除申告書
年末調整に必要な書類の書き方

　年末調整を進めるために、従業員に「給与所得者の扶養控除等（異動）申告書」と「給与所得者の保険料控除申告書」と「基礎控除申告書兼配偶者控除等申告書兼所得金額調整控除申告書」という3種類の書類を提出してもらいます。また該当の人は「住宅借入金等特別控除申告書」も提出してもらう必要があります。

「給与所得者の扶養控除等（異動）申告書」のチェックポイント

　本来は、毎年最初の給与の支払いを受ける日の前日までに（中途入社の人は入社時に）提出してもらいます。結婚や出産、死亡などで扶養親族に変更があった場合、障害者になった場合などには訂正してもらう必要があります。**この書類の提出がないと年末調整ができない**ことになっています。

≪❶ 住所欄

　年末調整が終わったあと、「**給与支払報告書**」をそれぞれの市町村に送付しなければならないので、年の途中で引っ越しをしている人は、新しい住所になっているかチェックします。

≪❷ 源泉控除対象配偶者欄

　配偶者を扶養している場合には、ここに名前や生年月日を記入します。源泉控除対象配偶者とは、民法上の配偶者であって、その年の**所得金額が95万円（収入でいうと150万円）以下**の人のことをいいます。ただし給与を受ける本人のその年の所得が900万円（収入で1095万円）以下の人の配偶者にかぎります。

≪❸ 控除対象扶養親族欄

16歳以上の配偶者以外の扶養親族がいる場合はこの欄に記入します。配偶者の場合と同様、その年の所得金額が48万円以下であることが要件になるので、**扶養している子どものアルバイトの収入が103万円（所得で48万円）を超えていないか、きちんと確認します。**

≪❹ 障害者、ひとり親など

給与の支払いを受けている本人、または控除対象配偶者、扶養親族が障害者の場合にはこの欄に記入します。また配偶者と離婚したり死別した後、一人で子供を扶養している人はひとり親控除を受けることができます。その場合もこの欄に記入します。

≪❺ 16歳未満の扶養親族欄

16歳未満の所得税の扶養控除は廃止されていますが、住民税の非課税限度額を計算する際の扶養親族には含まれるので記載が必要です。

● 給与所得者の扶養控除等（異動）申告書 例

平成28年分より個人番号（マイナンバー）を記載することになりましたが、次の要件を満たせば記載を省略することができます。
・会社と従業員との間に合意がある
・従業員が余白に「提出ずみの個人番号と相違ない」と記載する
・会社が「すでに提供を受けている個人番号と確認した」と記載する

マイナンバーを扶養控除異動申告書に記載すると、漏洩しないよう安全保管義務が発生します。記載してもらうかどうかは慎重に検討する必要があります

205

「給与所得者の保険料控除申告書」の
チェックポイント

各種の保険料控除を受けるには、毎年10月ごろに保険会社から送られてくる控除証明書の添付が必要です。提出書類に不足がないか確認します。

≪❶ 生命保険料控除

「**一般の生命保険料**」「**個人年金保険料**」「**介護医療保険料**」の3種類があります。さらに一般の生命保険料と個人年金保険料は、契約時期によって「新」「旧」で区別されます。その契約がどの保険料控除にあたるのかは、控除証明書で確認します。

また控除証明書には「証明額」と「証明予定額」の2種類が記載されています。**申告書に記入する保険料は、その年の12月まで保険料を支払った場合の証明予定額になる**ことにも注意が必要です。**控除額はそれぞれ4万円が限度（旧契約は5万円）、3つの合計適用限度額は12万円**です。

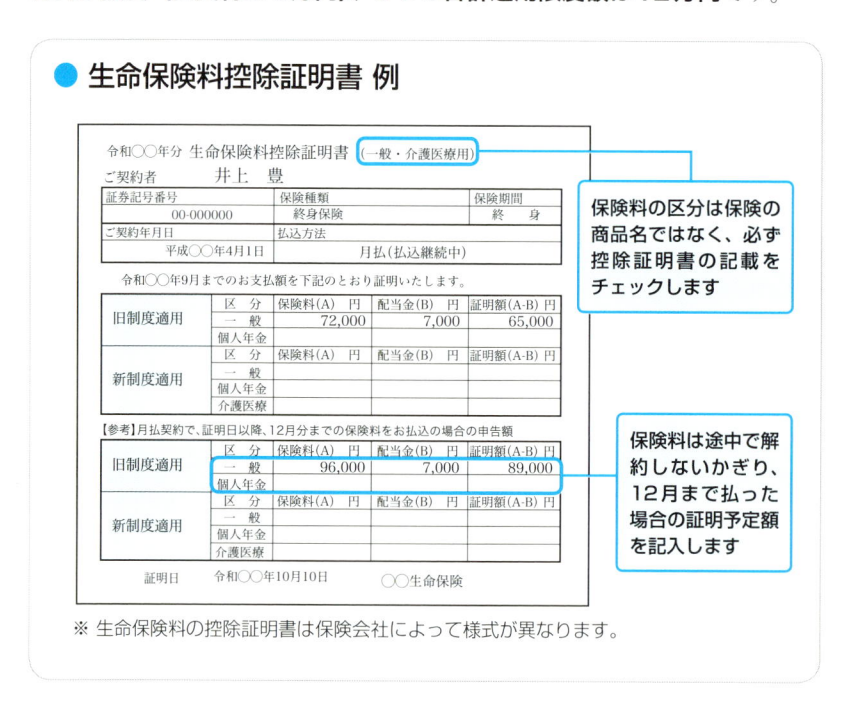

● 生命保険料控除証明書 例

令和○○年分 生命保険料控除証明書 (一般・介護医療用)
ご契約者　井上　豊

証券記号番号	保険種類	保険期間
00-000000	終身保険	終身
ご契約年月日	払込方法	
平成○○年4月1日	月払(払込継続中)	

令和○○年9月までのお支払額を下記のとおり証明いたします。

	区 分	保険料(A) 円	配当金(B) 円	証明額(A-B) 円
旧制度適用	一般	72,000	7,000	65,000
	個人年金			
新制度適用	区 分	保険料(A) 円	配当金(B) 円	証明額(A-B) 円
	一般			
	個人年金			
	介護医療			

【参考】月払契約で、証明日以降、12月分までの保険料をお払込の場合の申告額

	区 分	保険料(A) 円	配当金(B) 円	証明額(A-B) 円
旧制度適用	一般	96,000	7,000	89,000
	個人年金			
新制度適用	区 分	保険料(A) 円	配当金(B) 円	証明額(A-B) 円
	一般			
	個人年金			
	介護医療			

証明日　令和○○年10月10日　○○生命保険

> 保険料の区分は保険の商品名ではなく、必ず控除証明書の記載をチェックします

> 保険料は途中で解約しないかぎり、12月まで払った場合の証明予定額を記入します

※ 生命保険料の控除証明書は保険会社によって様式が異なります。

≪❷ 地震保険料控除

居住用の住宅や家財にかけている地震保険の契約が対象です。**5万円を上限として対象保険契約の全額が対象となります。**また平成18年12月31日までに契約した長期損害保険契約については、経過措置として、法改正により廃止となった損害保険料控除（上限1万5千円）を適用できます。

≪❸ 社会保険料控除

入社する前に国民健康保険や国民年金の保険料を自分で払っていた場合には、記入することで全額控除することができます。ただし国民年金の保険料については年金事務所から郵送されてくる控除証明書の添付が必要です。国民健康保険の保険料は添付の必要はありません。

> **配偶者特別控除の改正**
>
> 平成30年より配偶者特別控除の範囲が拡大し、配偶者の年間所得の上限が95万円（収入なら150万円）以下であれば、38万円の所得控除が受けられるようになりました（給与を受ける本人の年間所得が900万円（収入1095万円）以下の場合）。配偶者の所得が95万円を超えても、控除額はいきなりゼロになるわけではなく、給与を受ける本人と配偶者の年収に応じて段階的に減少していくことになります。

「住宅借入金等特別控除申告書」のチェックポイント

≪住宅借入金等特別控除とは？

住宅ローンを組んでマイホームを購入したり、省エネやバリアフリーにするといった改修工事をした場合、一定の要件にあてはまると年末のローン残高に応じて所得税が戻ってくる制度のことです。

配偶者控除や扶養控除などと比べると控除額が大きいので、間違いのないように注意が必要です。

≪住宅借入金等特別控除（住宅ローン控除）を受けるには

まず、次の2つの書類が必要になります。

> ❶ 給与所得者の住宅借入金等特別控除申告書
> ❷ 住宅取得資金にかかる借入金の年末残高証明書

（212頁に続く）

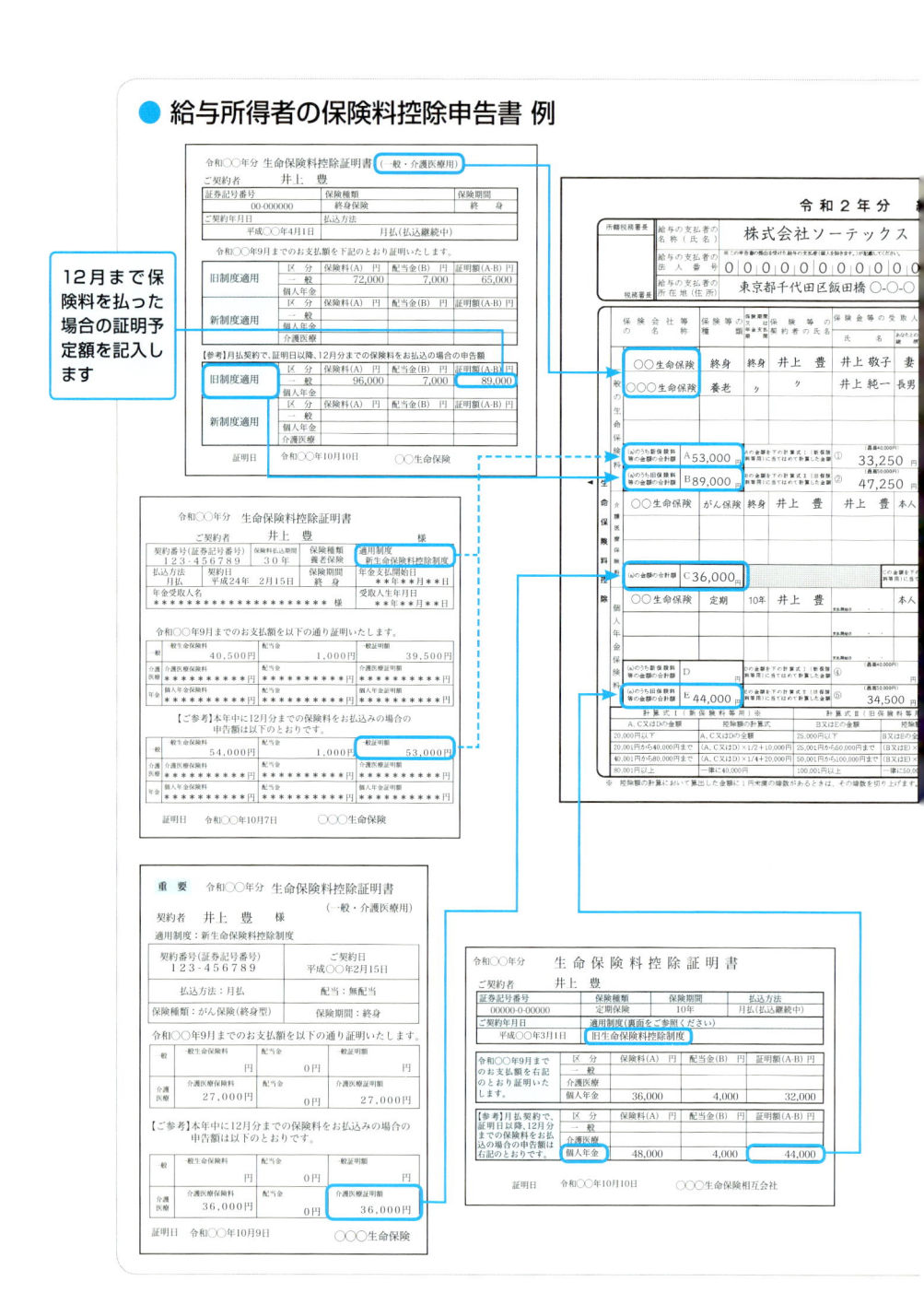

● 給与所得者の保険料控除申告書 例

208

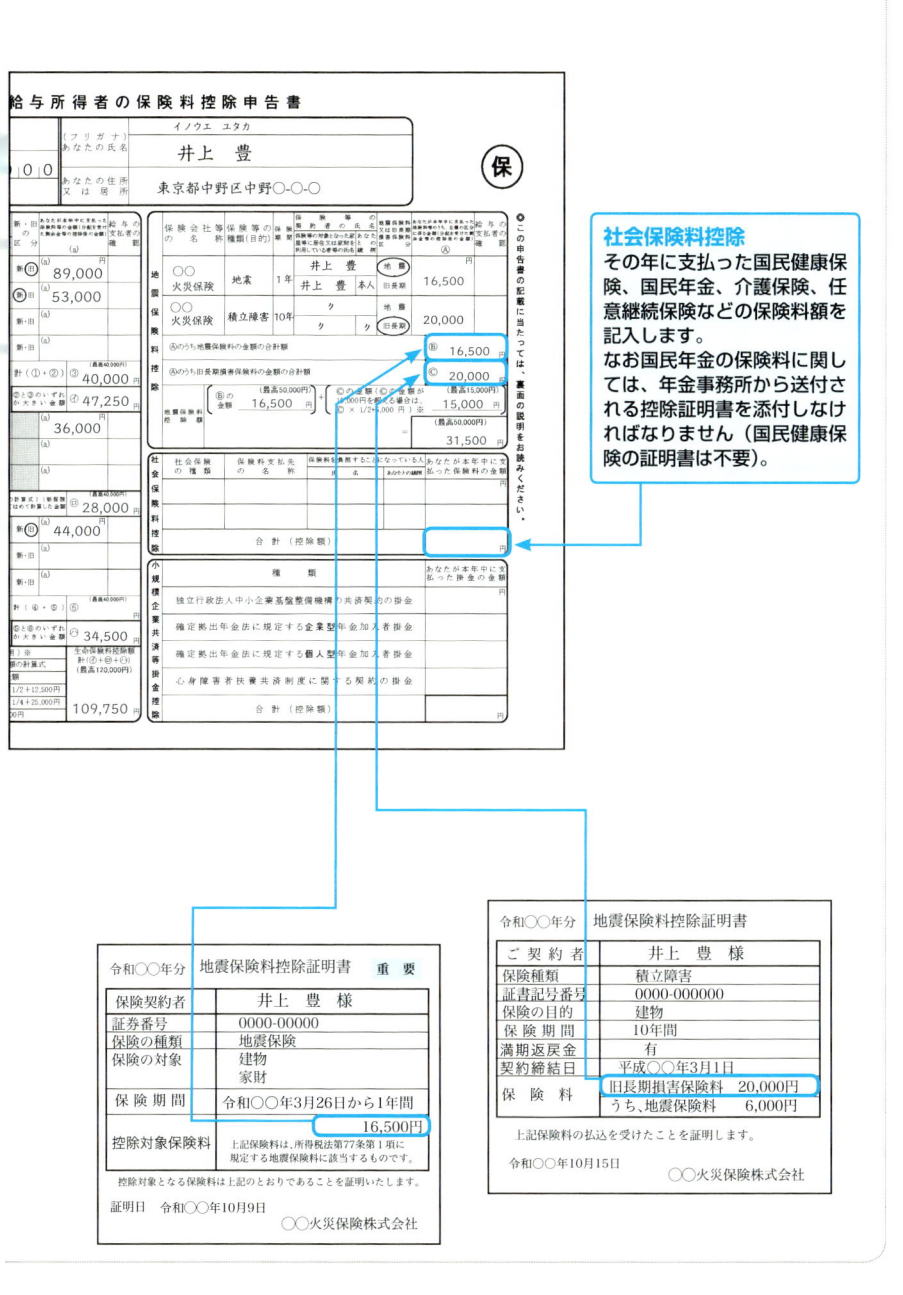

社会保険料控除

その年に支払った国民健康保険、国民年金、介護保険、任意継続保険などの保険料額を記入します。
なお国民年金の保険料に関しては、年金事務所から送付される控除証明書を添付しなければなりません（国民健康保険の証明書は不要）。

給与所得者の保険料控除申告書

（フリガナ）イノウエ ユタカ
あなたの氏名：井上 豊
あなたの住所又は居所：東京都中野区中野〇-〇-〇

地震保険料控除：
- 火災保険 地震 1年 井上 豊 16,500
- 火災保険 積立障害 10年 井上 豊 本人 20,000

(B) 16,500
(C) 20,000

うち地震保険料の金額の合計額：40,000
うち旧長期損害保険料の金額の合計額：47,250
（最高50,000円）36,000
金額 16,500　15,000（最高15,000円）
計 31,500

社会保険料控除：
- 89,000
- 53,000
- 28,000
- 44,000

合計（控除額）

小規模企業共済等掛金控除：
- 34,500
- 109,750

計 合計（控除額）

令和〇〇年分 地震保険料控除証明書　重要

保険契約者	井上 豊 様
証券番号	0000-00000
保険の種類	地震保険
保険の対象	建物／家財
保険期間	令和〇〇年3月26日から1年間
控除対象保険料	16,500円

上記保険料は、所得税法第77条第1項に規定する地震保険料に該当するものです。
証明日　令和〇〇年10月9日
〇〇火災保険株式会社

令和〇〇年分 地震保険料控除証明書

ご契約者	井上 豊 様
保険種類	積立障害
証書記号番号	0000-000000
保険の目的	建物
保険期間	10年間
満期返戻金	有
契約締結日	平成〇〇年3月1日
保険料	旧長期損害保険料　20,000円 うち、地震保険料　6,000円

上記保険料の払込を受けたことを証明します。
令和〇〇年10月15日　〇〇火災保険株式会社

209

● 給与所得者の基礎控除申告書 兼 給与所得者の配偶者控除等申告書 兼 所得金額調整控除申告書 例

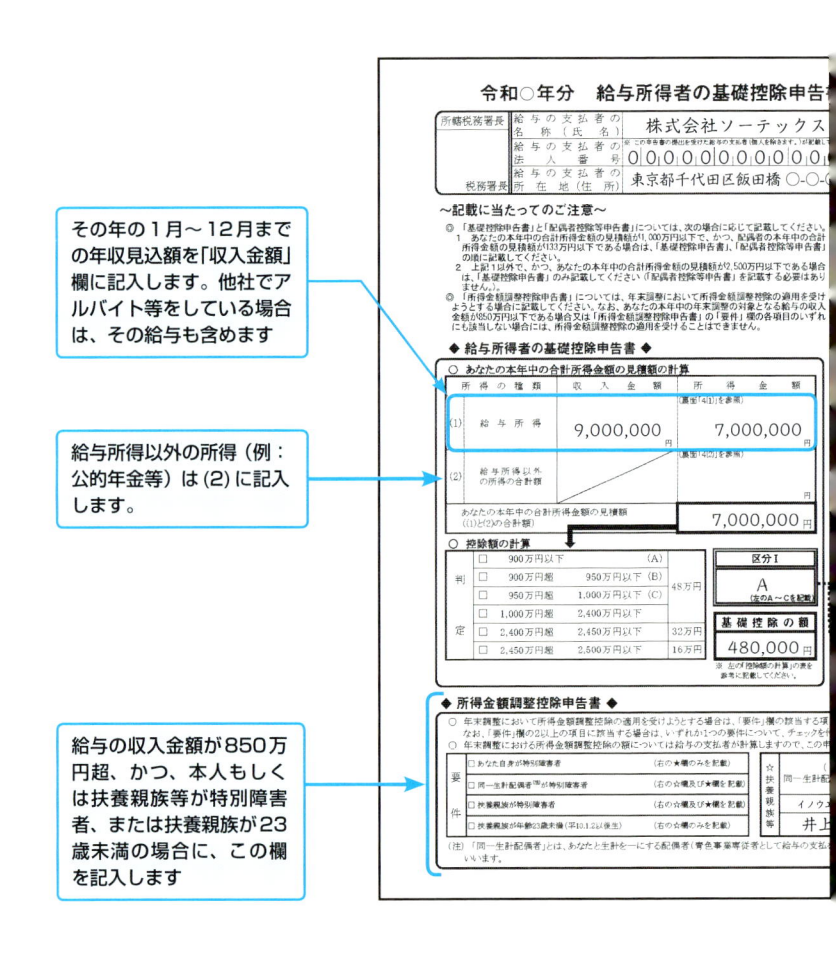

その年の1月～12月までの年収見込額を「収入金額」欄に記入します。他社でアルバイト等をしている場合は、その給与も含めます

給与所得以外の所得（例：公的年金等）は(2)に記入します。

給与の収入金額が850万円超、かつ、本人もしくは扶養親族等が特別障害者、または扶養親族が23歳未満の場合に、この欄を記入します

210

配偶者を扶養している場合は、この欄に記入します

ただし、従業員のその年分の合計所得金額の見積額が1,000万円（給与所得だけの場合は、給与の収入金額が1,195万円 ※所得金額調整控除ありの場合は1,210万円）を超える場合、または配偶者の合計所得の見積額が133万円（給与所得だけの場合は、給与の収入金額が201万5,999円）を超える場合には、配偶者控除および配偶者特別控除の適用を受けることができません

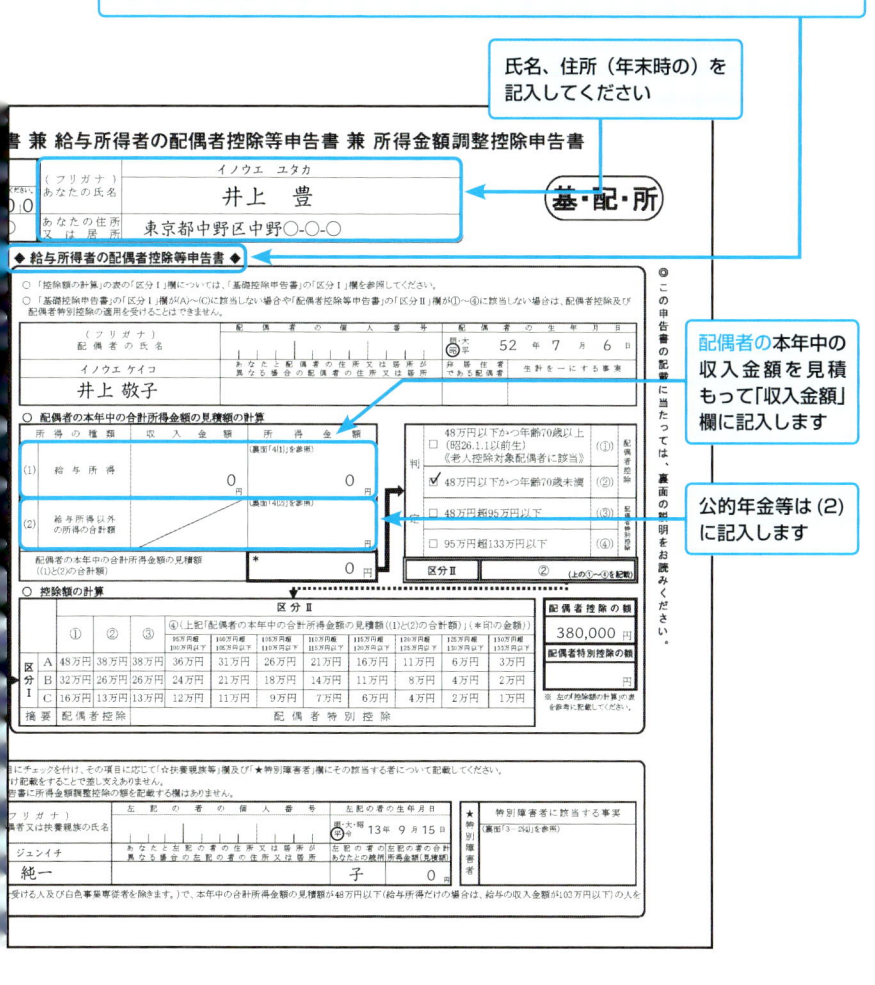

氏名、住所（年末時の）を記入してください

基・配・所

◆ 給与所得者の配偶者控除等申告書 ◆

（フリガナ）イノウエ ケイコ
配偶者の氏名　井上 敬子

配偶者の本年中の収入金額を見積もって「収入金額」欄に記入します

公的年金等は(2)に記入します

配偶者控除の額　380,000 円

住宅を購入してこの控除を受ける最初の年は、自分で確定申告をしてもらう必要があります。2年目以降は、年末調整で控除を受けることができます。最初の確定申告後しばらくすると、控除可能な10年分（居住開始の時期により15年の場合もあります）の❶の書類がまとめて送られてきます。毎年年末調整のときには、該当の年の分だけ提出してもらいます。申告書を紛失してしまった場合には税務署で再交付をしてもらわなくてはならないので、失くさないよう大切に保管するように伝えてあげましょう。

❷の年末残高証明書は、毎年10月ごろ、住宅ローンを組んでいる金融機関から郵送されてきます。複数の金融機関でローンを組んでいる場合には、すべての金融機関の残高証明書が必要になります。

年末調整が終わったら

年末調整が終わっても、年が明けたら次の作業をやらなければなりません。

> ❶ 従業員に源泉徴収票を渡す
> ❷ 給与支払報告書を従業員の住所地の市町村に送る
> ❸ 対象となる人の源泉徴収票を法定調書合計表と一緒に税務署に提出する

源泉徴収票と給与支払報告書は、通常4枚複写になっていて、上の2枚が「給与支払報告書」です。これは2枚とも市町村に提出します。残りの2枚のうち1枚は従業員に渡し、1枚は税務署に提出します。

● 源泉徴収票の写しを税務署に提出しなければならない人

年末調整をした人	❶ 会社の役員や、またはその年中に役員であった人で、その年の給与等の金額が150万円を超える人	
	❷ 弁護士、税理士、司法書士などで、その年の給与などの金額が250万円を超える人	
	❸ ❶、❷以外の人で、その年の給与などの金額が500万円を超える人	
年末調整をしなかった人	扶養控除等（異動）申告書を提出した人	その年に退職した人、災害などで被害を受けたため源泉所得税の徴収の猶予を受けた人で、その年の給与などの金額が250万円を超える人（役員などの場合は50万円）
		主たる給与などの金額が2,000万円を超えるため、年末調整を受けなかった人
	扶養控除等（異動）申告書を提出しなかった人で、その年の給与などの金額が50万円を超える人	

第 6 章

はじめての決算

いよいよ会社のこの1年間の総まとめの決算です。

日常業務をきちんとやっていれば、決算のときにやらなければならないことはそんなに多くありません。税理士に依頼しているなら、その都度指示が出ているはずです。

それでも、最低限の知識は必要です。決算書を作成して提出するのは、社長自身ですから！

税理士はあくまでも代理人なので、決算には必ず社長のポリシーが反映されるものです。

● この章の目標

❶「決算」のときには何をするのかを知る
❷ どのような申告書類を作成して、どこに、いつまでに提出するのかを知る
❸ いつまでに税金を支払わなければならないのかを知る

74 決算日・税金の種類・税率

決算って何をするの？

決算とは１年間の収入と支出を計算し、利益や損失を計算することです。この結果をもとに税金の申告書を作成し納税も行います。

決算書類の提出と税金の納付期限

≪提出・納付期限

　法人の確定申告書の提出期限は原則として決算日から２カ月です。決算日とは、会社を設立するときに決めた事業年度の最終日のことです。この最終日から２カ月以内に申告書を作成して申告と税金を納付しなければなりません。

≪申告書類の提出先

　決算時に書類を提出するのは、次の３カ所（東京23区内は❶、❷の２カ所）です。

❶ 税務署	法人税、地方法人税、消費税の申告書を提出する
❷ 道府県税事務所	道府県民税、事業税の申告書（申告書自体は１枚）を提出する
❸ 市町村	法人市民税の申告書を提出する

納める税金の種類を知っておこう

≪法人の税金は７種類

　法人が毎年支払う税金には、❶法人税、❷道府県民税、❸市民税、❹事

業税、❺地方法人税、❻消費税、❼償却資産税の7つがあります。

❶ 法人税

　法人税は、その年の損益が赤字の場合にはかかりません。正確にいうと、法人税はその事業年度の所得金額に税率を掛けて計算しますが、「所得金額 ＝ 会計上の損益の金額」ではありません。

　たとえば、交通違反の反則金などは仕事に関連して課されたもので、法人が実際に負担したとしても、それは法人に課された罰金として取り扱うため、経費に入れることができません。こうして計算された所得金額がプラスの場合は法人税がかかりますが、所得金額がマイナスの場合、法人税はかかりません。

　税率は、課税所得800万円以下なら15％、800万円超なら23.2％になります。

❷ 道府県民税、❸ 市民税、❹ 事業税

　道府県民税、市民税、事業税は、法人税で計算した所得金額に連動して計算します。法人税と同じく、**所得金額がプラスの場合には税金がかかりますが、マイナスの場合にはかかりません。**

≪❷ 道府県民税

　資本金1,000万円以下の場合は、2万円程度の「均等割」がかかります。東京都23区の場合、均等割は7万円です。法人税割は利益が出ている場合に1％程度かかります。2つ以上の都道府県に事務所や事業所を持っていると、その事務所などがある都道府県ごとに均等割を支払う必要があります。法人税割額は按分して支払います。

≪❸ 市民税

　資本金1,000万円以下の場合は5万円程度の均等割がかかります。法人税割は、利益が出ている場合には6％程度かかります。

≪❹ 事業税

　事業税は、法人税の課税所得によって3.5～7％かかります。
　別途、特別法人事業税が事業税額の37％かかります。

215

❺ 地方法人税

　法人税の所得金額に連動し、法人税額の10.3％になります。法人税の確定申告書と一体となった用紙で申告するので、税金がかからなくても申告します。

❻ 消費税（第6章81参照）

　資本金が1,000万円以下の場合、原則として設立後2期は免税です。3期目以降は2期前の売上高が1,000万円を超えていると課税されます。たとえば1期目の売上高が1,200万円だった場合には、3期目に消費税を支払う義務があります。3期目に支払う消費税の金額は3期目の売上をもとに計算します。

❼ 償却資産税（第3章37参照）

　会社が持っている資産には税金がかかります。土地、建物には「**固定資産税**」、車やバイクには「**自動車税**」がかかります。そのほか事業用資産には「**償却資産税**」がかかります。ただし、1つ10万円未満の購入価格の物品は免税となります。これらの**免税となっているものを除いた資産の購入金額の合計が150万円を超えていれば、償却資産税を払わなければなりません**。判定は毎年1月1日時点で行います。
　税率は1.4％で、通常4回の納期に分けて地方自治体（都道府県税事務所）に納付します。20万円未満で3年間の一括償却を選択した資産は含めなくてかまいませんが、10万円以上少額資産の特例を使って一括償却した資産については含めなければなりません。

前期の納付税額によっては中間納付がある

≪中間納付とは？

　法人税、地方税、消費税について、前期の納税額が一定の金額を超えると納付する税金です。中間納付はその期に課される税金の仮払いなので決算のときに精算されます。

≪法人税の中間納付

法人税は、前期の法人税納付額が20万円を超えると、翌期に法人税の中間申告と納付が発生します。納付額は前期に納付した法人税額の半分です。

≪地方税の中間納付

地方税の中間申告と納付は法人税と連動するので、法人税で中間申告・納付がある場合には地方税も発生します。金額も前期の納付額の半分です。

≪消費税の中間納付

消費税の場合は、前期の消費税の納付額によって中間納付の回数が変わります。前期の消費税の納付額が48万円以下であれば発生しません。

税金の年間スケジュール

3月決算の法人の場合の税金支払いの年間スケジュールは、次のとおりです。消費税の中間納付は年1回、源泉所得税は納期の特例を受けているものとしています。

● 税金の年間スケジュール（3月決算法人の場合）

5月	条例で定めた日まで	自動車税（自動車を所有している場合）
	31日まで	法人税、消費税、地方税
7月	10日まで	源泉所得税（納期の特例適用の場合）
11月	30日まで	法人税、地方税の中間申告納付（法人税年税額が20万円超の場合）
	〃	消費税の中間申告納付（消費税年税額が48万円超400万円以下の場合）
1月	20日まで	源泉所得税（納期の特例適用の場合）
3月	31日	決算

税務申告書の種類

❶ 決算書	法人税の申告書と一緒に税務署に提出する
❷ 法人税別表	決算書に基づいて作成する税務署に提出する書類。別表の種類はたくさんあるが、小規模法人が提出する別表は10〜20種類ぐらいが一般的で、決算の内容により提出する別表は異なる。ただし、別表一（一）、別表二、別表四、別表五（一）、別表五（二）は、すべての法人が提出する必要がある
❸ 勘定科目内訳書	決算書の主要な勘定科目ごとに詳細を記載したもの
❹ 適用額明細書	決算の結果、租税特別措置法の適用を受けたものがある場合に記載したもの
❺ 事業概況書	会社の事業内容や財務内容などの一部を抜粋して記載したもの
❻ 道府県民税申告書	地方税第6号様式とその付属別表で、道府県税事務所に提出する
❼ 市町村民税申告書	地方税第20号様式を市町村役場に提出する。ただし東京23区は必要ない

≪申告書類の作成手順

次の順番で作業していきます。基本的に、税理士にお願いする業務なので、流れだけ見ておけば十分です。

❶ 消費税の計算、減価償却といった決算の処理をしたあと、税引前当期純利益を計算する
❷ 税引前当期純利益から「別表4」をつくって当期の法人税を計算する
❸ 地方税の計算をする
❹ 法人税と地方税を決算に入れ、決算書を作成する
❺ 「株主資本等変動計算書」「注記」を記載して決算書を完成させる
❻ 「法人税の別表」「勘定科目内訳書」「事業概況書」「適用額明細書」を作成する
❼ 「消費税の申告書」を作成する
❽ 申告書を2部（提出用と控え用）作成する
❾ 納付書を作成する

75 減価償却・一括償却・少額資産

減価償却って何？

事業年度中に購入した金額の大きいものは、代金を支払ったときに一時に経費にせず、その資産にあわせて数年をかけて分割して経費にしていきます。

減価償却の基礎知識

≪減価償却資産とは？≫

10万円以上の物品で、その使用期間が1年を越えて数年にわたる資産のことです。減価償却資産は時間の経過により、その価値が少しずつ減少していきます。

≪減価償却とは？≫

購入時に一度に費用にせず、毎年少しずつ分けて費用に計上することです。

たとえば、600万円の車を購入したとします。購入した年に全額費用計上すると、その年の経費が急に増えてしまいます。しかし、その翌年以降は維持費以外のお金がかからずにその車を使えることになってしまうので、これを利用する年数（耐用年数）で按分して、少しずつ費用に計上していきます。

≪耐用年数とは？≫

では、600万円で購入した車は一体何年使えるのでしょうか？　実際は使ってみないとわかりませんが、それでは減価償却の計算ができなくなってしまうので、法律で、その資産ごとに耐用年数と呼ばれる償却年数を定めています（221頁参照）。普通車の新車の場合は、6年間になります。

減価償却資産に含まれるもの含まれないもの

≪❶ 減価償却資産

有形固定資産と無形固定資産、生物に分かれます。

有形固定資産	**建物および附属設備** 建物附属設備とは、エレベーター、衛生空調設備など、建物から区別された建物に附属する設備など。**構築物** 塀、舗装道路、橋など、建物および附属設備以外の土地の上に定着した建造物など。**機械および装置** 工場などで営業のために使用している製造加工設備。**車両運搬具** 車両に装備されているエアコン、カーナビなども含める。**工具、器具および備品** 工場や事務所などで使われる道具。**船舶** **航空機**
無形固定資産	**特許権** **営業権** **商標権** **ソフトウエア** ホームページなどのWEBシステムにおけるコンテンツは含まない
生物	**牛、馬などの動物** 農業使役、小運搬使役、繁殖種付用などの目的。**植物** 果樹園の所有する果樹など

≪❷ 減価償却資産に含まれないもの

次の資産は減価償却資産に含まれません。

棚卸資産 **有価証券** **繰延資産**
事業の用に供していないもの、時の経過により価値が減少しないもの

≪❸ 非減価償却資産

固定資産のうち、次のようなものは利用や時間の経過によって価値が減少するものではないため、減価償却資産に含まれません。

土地 **借地権や地上権など、土地の上に存する権利** **電話加入権** **書画骨董**
1点で20万円(絵画は号2万円)未満のものは減価償却資産にできる

減価償却資産の種類と計算のしかた

減価償却資産は使用可能期間や取得価額により、次のように分類されます。

≪❶ 一般の減価償却資産

購入金額が10万円以上のもので、下の2つに該当しないものをいいます。

≪❷ 少額減価償却資産

減価償却資産のうち、使用可能期間が1年未満のもの、または1個もしくは1組の取得価額が10万円未満のものをいいます。少額減価償却資産は、取得金額を「消耗品費」などの勘定科目を使って費用にします。

ただし中小企業者などが、平成18年4月1日から令和4年3月31日までに取得した30万円未満の減価償却資産は、その取得価額の全額をその年の経費とすることができます。

≪❸ 一括償却資産

減価償却資産のうち、取得価額が10万円以上20万円未満の資産であれば、3年間で均等に経費に計上することができます。たとえば18万円の物品を購入した場合には、購入した年から3年間6万円ずつ経費にできます。

● 取得価額に応じた償却方法

取得価額	10万円未満	10万円以上20万円未満	20万円以上30万円未満	30万円以上
一般の減価償却資産	◯	◯	◯	◯
一括償却資産	◯	◯	×	×
少額減価償却資産	◯	※	※	×

※は合計300万円まで

減価償却費の計算方法

≪❶ 定額法と定率法のどちらかを使う

減価償却の方法には、定額法と定率法があります。

定額法とは、「取得価額 × 定額法の償却率」で1年あたりの償却限度額を計算し、毎年同じ金額が経費となります。

定率法とは、「(取得価額 − すでに経費にした償却費の合計額) × 定率法の償却率」で1年あたりの償却限度額を計算します。そのため初期になる金額が高くなり、時間が経つとともに徐々に少なくなります。

減価償却の方法は、一般的に定額法と定率法のいずれかを使いますが、事前に「**減価償却資産の償却方法の届出書**」を税務署に提出しなければ、所定の減価償却方法を選択したことになります。**法人税の場合、建物、建物附属設備、構築物、無形固定資産、生物は定額法、それ以外は定率法となります。**

≪❷ それぞれの計算方法

次のように計算します。

> **定額法** 取得価額 × 定額法償却率
> **定率法** 期首帳簿価額※ × 定率法償却率
> ※ 取得価額からすでに償却した金額を引いたものです。

定額法でも定率法でも、最終的に減価償却できる金額は同じですが、定額法は耐用年数にわたって均等に按分していくのに対し、定率法は最初のほうが多くの償却費が計上できます。

● 減価償却費の計算 例

例 取得価額100万円、耐用年数10年の減価償却資産の場合

● 定額法の場合（償却率0.1）
1〜9年目：100万円×0.1＝10万円
10年目：9万9,999円（最後は除却するまで1円残します）

● 定率法の場合（償却率0.2、改定償却率0.25）
1年目：100万円×0.2＝20万円
2年目：(100万円−20万円)×0.2＝16万円
3年目：(100万円−36万円)×0.2＝12万8,000円
4年目：(100万円−48万8,000円)×0.2＝10万2,400円
5年目：(100万円−59万400円)×0.2＝8万1,920円
6年目：(100万円−67万2,320円)×0.2＝6万5,536円
7〜9年目：(100万円−73万7,856円)×0.25＝6万5,536円
（この年以降は償却率が変わります）
10年目：6万5,535円（最後は1円残します）

● 主な減価償却資産の耐用年数（抜粋）

資産名	構造または用途	細目	耐用年数
建物	鉄骨鉄筋コンクリートまたは鉄筋コンクリート造	事務所用	50
		住宅用	47
		店舗用	39
	レンガ造、石像またはブロック造	事務所用	41
		店舗、住宅用	38
	金属像	事務所用	22
		店舗、住宅用	19
	木造	事務所用	24
		店舗、住宅用	22
建物附属設備	冷房、暖房、痛風、ボイラー設備	冷暖房設備	13
	昇降機設備	エレベーター	17
		エスカレーター	15
	店舗簡易装備		3
構築物	公告用のもの	金属造	20
		その他の物	10
	舗装道路	コンクリート敷	15
		アスファルト敷	10
車両運搬具	自動車	小型車	4
		2輪または3輪自動車	3
		自転車	2
		普通自動車	6
工具器具備品	家具、電気機器、ガス機器、家庭用品	事務机（金属製）	15
		接客業用応接セット	5
		ベッド	8
		冷暖房器具	6
		冷蔵庫、洗濯機	6
	事務用品	パソコン	4

参考：国税庁ホームページ＞耐用年数表
https://www.nta.go.jp/taxes/shiraberu/taxanswer/shotoku/pdf/2100_01.pdf

76 棚卸・在庫・決算

決算のときの棚卸

当期の経費になるのは当期に売れた商品に相当する仕入分だけで、期末の売れ残りは経費になりません。そのため、決算日には在庫を数えて金額を算定します。在庫の金額によって損益が大きく変わる可能性があります。

実地棚卸の基礎知識

≪実地棚卸とは？

決算期末の在庫商品や材料の残高を確認するために、実際に現物を数えます。その際に、商品の品種、性能、保管状況などを調査して、もし破損しているなど明らかに商品価値がないものが見つかれば、その在庫の金額を下げる「評価損」や在庫を廃棄する「廃棄損」を計上します。ただし、決算日までに実地棚卸をしなければ、その年度の損失には計上できないので、必ず決算日に棚卸をしましょう。

≪在庫を倉庫に預けている場合にはどうする？

もし在庫を倉庫などに預けている場合には、**決算日付の保管証明書**を取るか、自ら倉庫に行って**実地棚卸**をします。

≪数を数えるだけに専念する

在庫を数えるときは、単価を入れての計算は別途行い、数量を数えるのみを行います。

≪在庫数を記録している場合

継続的に在庫数を記録している場合には、記録上の残数と実地棚卸の結果との付けあわせを行い、あわない場合にはあうまで確認します。

在庫金額の計算方法

≪通常は「最終仕入原価法」で計算する

　ほとんどの会社では事前に税務署への届出をしていないので、最終仕入原価法という方法で金額を計算します。

≪最終仕入原価法とは？

　計算方法は、**決算日に数えた数量に、最新の仕入単価を掛けて金額を計算**します。

≪在庫の評価損の算定

　基本的には評価損を計上することはできませんが、おおむね50％程度販売価額が下落する商品については評価損を計上できます。税法上評価損が認められるのは、商品が災害などにより著しく損傷したり、季節ものの商品や型落ちとなった商品などです。

決算前に大量買いするのは経費にならない

≪切手や商品券も在庫になる

　決算時の利益を少なくするために、決算日直前に大量の切手や商品券、収入印紙などを購入した場合、これも在庫として計上します。この場合は「棚卸資産」ではなく「**貯蔵品**」勘定を使います。

≪どのくらい買ったら貯蔵品になるのか

　毎期おおむね一定量を購入し経常的に消費するものは貯蔵品に計上しないで、その年の経費に計上してよいということになっています。毎月50枚の切手を購入しているならば、その残りを貯蔵品にする必要はありませんが、決算日前に必要性のない切手を200枚購入した場合は、貯蔵品になります。

在庫には税金がかかる

≪在庫に課税されるしくみ

　本当のことをいうと、在庫 ＝ 課税対象ではありません。税金はその期

の利益に対してかかるので、在庫という資産に課税はされません。

たとえば、今期の売上が1,000万円、仕入金額が800万円、在庫が200万円だった場合、今期に売れた1,000万円分の**「仕入原価」は、仕入金額（800万円）－ 在庫（200万円）＝ 600万円**です。1,000万円から600万円を引いた残りの400万円が**「粗利益」**となります。

ここから給与や交通費、家賃などの経費を引いた残りが今期の利益で、ここに税率を掛けて税金を計算します。

もし、期末の在庫が100万円分だったとしたら、仕入原価は800万円－ 100万円 ＝ 700万円、粗利益は1,000万円 － 700万円 ＝ 300万円になります。ということは、**在庫が100万円多ければその分税金も高くなる**ということです。これが、**「在庫にも税金がかかる」**というしくみです。

≫不良在庫をつくらないようにする

在庫は来期売れればいいのですが、一番問題なのは不良在庫です。**置いておいても売れない商品なのに、残っていたらその分だけ税金がかかってしまいます。**

≫どうしても売れないなら廃棄損を計上する

先にお話ししたように、評価損を計上するには条件が限定されます。どうしても売れない商品で、条件にあえば評価損を計上することができますが、それでも在庫を0円にすることはできません。どんなに安くしても売れない商品を保管しておいても、税金や保管料がかかってしまいます。その場合、**期末までに廃棄した場合には「廃棄損」を計上して在庫を0円にすることができます。**

≫廃棄したら証明書や領収書をもらう

廃棄物処理業者に廃棄してもらった場合には、その廃棄の証明書やその支払いの領収書をもらいます。

もし自分で処分したなら、再利用できないように処理してから捨て、念のために写真を撮っておきます。なぜ、そんなことをするかというと、会社の利益が出て税金が増えそうなときに、実際には廃棄していない商品を廃棄したことにして計算上の利益を少なくすることが簡単にできてしまうからです（これは脱税行為です）。税務調査が入ったときに、廃棄損があれば必ず聞かれるので、本当に捨ててもうここにはないことを証明できる証拠を取っておきましょう。

77 貸借対照表・B/S

貸借対照表って何？

貸借対照表とは、会社が持っているお金や建物、備品などの財産の金額や、借金がいくらあるのかが書かれています。たとえ土地や建物などの資産がたくさんあっても、それを上回る借金があれば、その会社の状態はいいとはいえません。そのような会社の財政状態を知ることができます。

貸借対照表の基礎知識

貸借対照表とは、左側（借方）に❶資産、右側（借方）に❷負債と❸資本が書かれた計算書類です。

● 貸借対照表のつくり

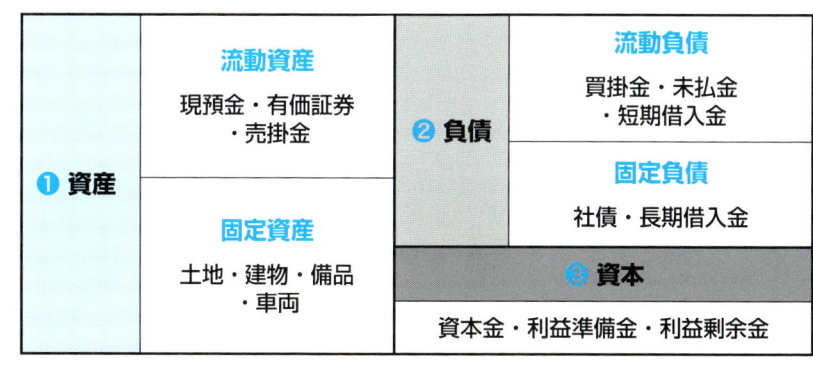

❶ 資産		❷ 負債	
	流動資産 現預金・有価証券 ・売掛金		流動負債 買掛金・未払金 ・短期借入金
	固定資産 土地・建物・備品 ・車両		固定負債 社債・長期借入金
		❸ 資本 資本金・利益準備金・利益剰余金	

貸借対照表は、作成された日時点の会社が持っている財産と借金、過去からの繰越の利益額や出資者からの出資額がわかります。

≪❶ 資産とは？

　会社が集めたお金をどのような形で持っているかを表します。資産は、流動資産と固定資産に分けられます。

> ● **流動資産とは**：1年以内に現金化できる流動性の高い資産
> ● **固定資産とは**：長期にわたり保有する資産

≪❷ 負債とは？

　会社が返さなければならない借金を表します。負債は流動負債と固定負債に分けられます。

> ● **流動負債とは**：1年以内に返済しなければいけない借金。
> 　　　　　　　　　来月支払う買掛金や未払金などもここに含まれる
> ● **固定負債とは**：1年より先に返済しなければならない借金。
> 　　　　　　　　　資金調達のために発行した社債や銀行から借りた長期の借入金などが含まれる

≪❸ 資本とは？

　出資者から集めたお金と、今までの会社の利益の繰越額の合計です。

≪❹ バランスシートとも呼ばれる

　貸借対照表はバランスシート（略してB/S）とも呼ばれています。これは左側の資産の部の合計額と、右側の負債の部と資本の合計額とが必ず一致しているからです。

決算時にチェックするポイント 貸借対照表編

　決算時こそ、会社の財政状態をきちんと把握するチャンスです。日常業務に追われてチェック漏れがあったとしても、年に1度の決算時に見直しをしていれば大きな損失にはなりにくいです。また貸借対照表は、借入れや新規取引の申し入れをする際にも、会社の財政状態を表す書類として重要視されます。

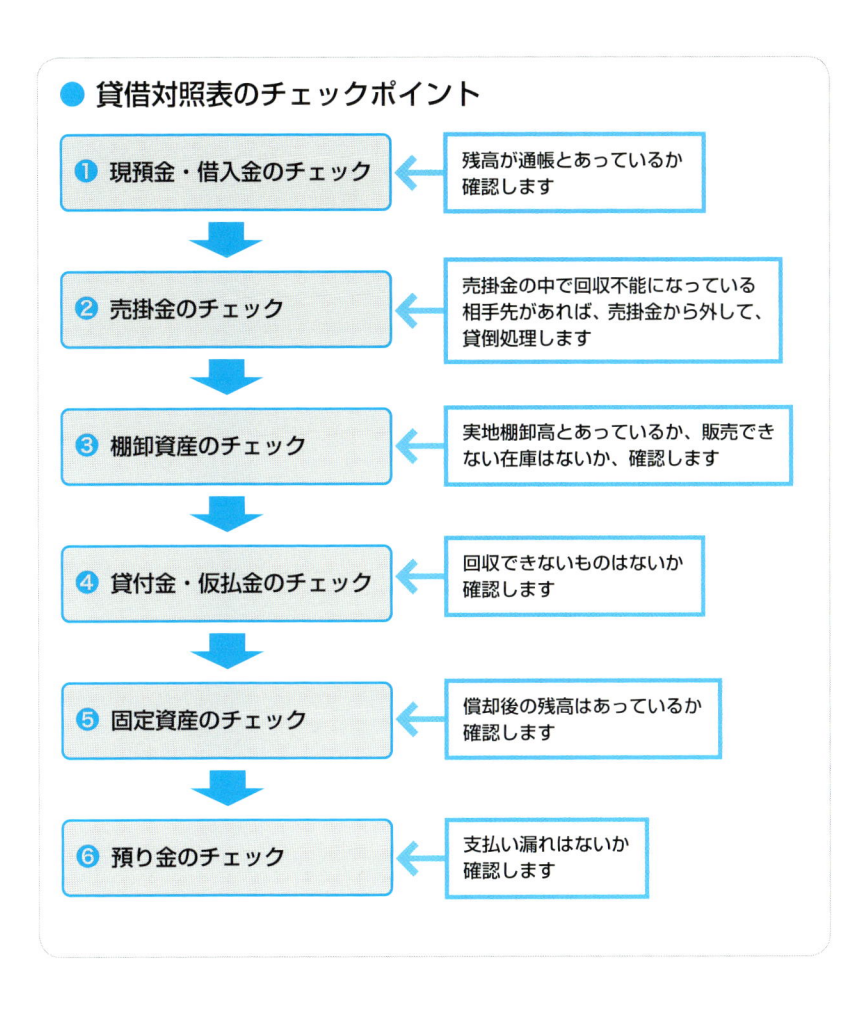

● 貸借対照表のチェックポイント

❶ 現預金・借入金のチェック ← 残高が通帳とあっているか確認します

❷ 売掛金のチェック ← 売掛金の中で回収不能になっている相手先があれば、売掛金から外して、貸倒処理します

❸ 棚卸資産のチェック ← 実地棚卸高とあっているか、販売できない在庫はないか、確認します

❹ 貸付金・仮払金のチェック ← 回収できないものはないか確認します

❺ 固定資産のチェック ← 償却後の残高はあっているか確認します

❻ 預り金のチェック ← 支払い漏れはないか確認します

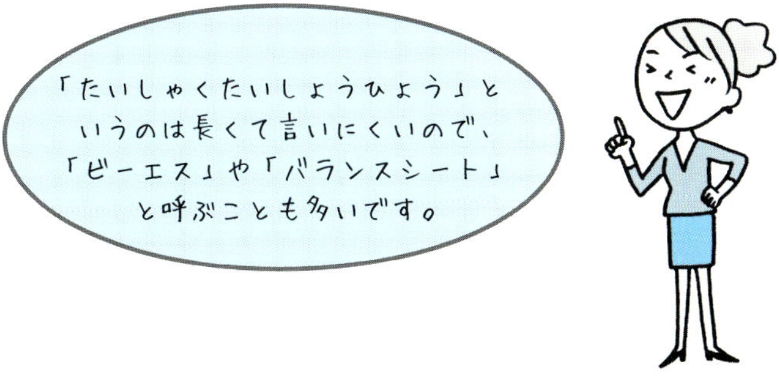

「たいしゃくたいしょうひょう」というのは長くて言いにくいので、「ビーエス」や「バランスシート」と呼ぶことも多いです。

78 損益計算書・P/L・経常利益・当期純利益

損益計算書って何？

　損益計算書とは、その期の売上高、その仕入原価、販売するためにかかった費用の明細、そして最終的にいくら儲かったのかという会社の経営成績がわかる書類です。1年ごとにゼロクリアされるので、毎年並べて見ていくと業績が順調に伸びているのかどうかもわかります。

損益計算書の基礎知識

　損益計算書は、売上がいくらあったのか、経費はいくらかかったのか、その結果利益はいくらだったのかという期間ごとの経営成績（どのくらい儲けているのか）を表しています。

　売上から仕入原価を引き、そこから経費を引き…と、使った費用を売上からどんどん引いていき、最後に残ったものが利益になるという計算をします。最後がマイナスになったら赤字です。

≪❶ 粗利とは？

　売上から売上原価を差し引いた利益です。売上原価とは、商品の仕入れや製造にかかる費用で、売上をあげるために直接かかった費用です。

　粗利は売上総利益とも呼ばれています。この金額が少なすぎるのは、値付けが安すぎるということです。

≪❷ 営業利益とは？

　主たる営業活動で得た利益です。粗利から、給与や家賃、通信費といった営業にかかる費用を引きます。ここでマイナスになると会社の継続が難しくなります。

≪❸ 経常利益とは？

営業利益に、営業活動以外で得た利益を足して、そこから損失を引いて残った利益です。ほとんどの中小企業ではあまり営業外の利益や損失はないので、その多くは金利です。つまり営業利益とあまり変わらない金額になります。

≪❹ 税引前当期純利益とは？

税金を支払う前の利益です。経常利益に特別利益と特別損失を含めます。特別利益や損失の多くは、固定資産の売却や除却したときの利益や損失です。災害によって損害を受けたときもここに含めます。

≪❺ 当期純利益とは？

税引前当期純利益をもとに法人税や地方税を計算し、その税金を引いた最終的な会社の利益です。

● 損益計算書のつくり

売上
△売上原価
❶ 粗利（売上総利益）
△販売管理費
❷ 営業利益
営業外収益
△営業外費用
❸ 経常利益
特別利益
△特別損失
❹ 税引前当期純利益
△各種税金
❺ 当期純利益

決算時にチェックするポイント 損益計算書編

　❹の税引前当期純利益をもとに法人税等の税金を計算していくので、間違えると税額が変わってしまいます。普段は入金ベースで売上を計上して

いても、決算のときにはその期中に売ったものを売上として計上しなければ**「売上計上漏れ」**として大きなペナルティを受けることになりかねません。同じく、支払った経費もその期間に対応するものを計上するので、翌月払いのものや前払いしてしまったものも整理して、その期の本当の経費を計算しなければなりません。

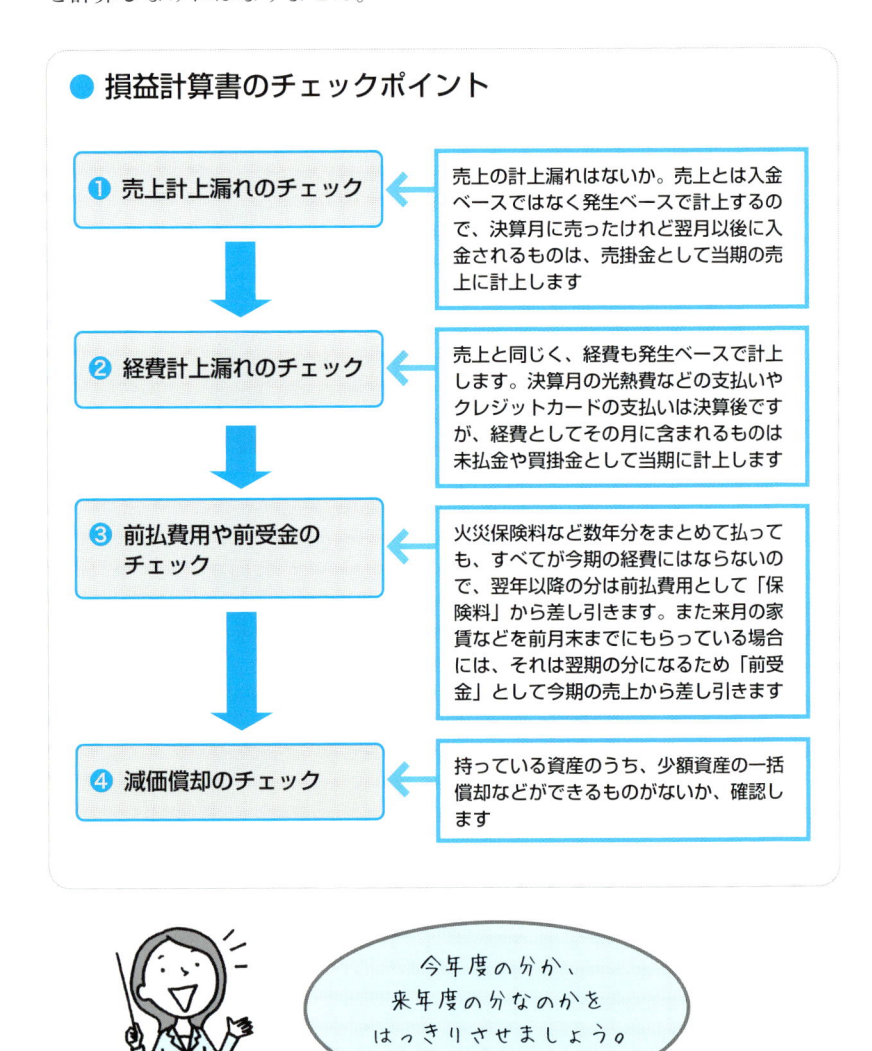

● **損益計算書のチェックポイント**

❶ 売上計上漏れのチェック
← 売上の計上漏れはないか。売上とは入金ベースではなく発生ベースで計上するので、決算月に売ったけれど翌月以後に入金されるものは、売掛金として当期の売上に計上します

❷ 経費計上漏れのチェック
← 売上と同じく、経費も発生ベースで計上します。決算月の光熱費などの支払いやクレジットカードの支払いは決算後ですが、経費としてその月に含まれるものは未払金や買掛金として当期に計上します

❸ 前払費用や前受金のチェック
← 火災保険料など数年分をまとめて払っても、すべてが今期の経費にはならないので、翌年以降の分は前払費用として「保険料」から差し引きます。また来月の家賃などを前月末までにもらっている場合には、それは翌期の分になるため「前受金」として今期の売上から差し引きます

❹ 減価償却のチェック
← 持っている資産のうち、少額資産の一括償却などができるものがないか、確認します

今年度の分か、来年度の分なのかをはっきりさせましょう。

79 試算表・当期純利益

毎月の試算表は何を見る？

試算表をもらったらどこを見たらいいのでしょう？　眺めているだけでは何もわかりません。

試算表の基礎知識

≪試算表とは？

貸借対照表と損益計算書がくっついたものです。計算表をチェックするということは、貸借対照表と損益計算書を連動させてチェックするということです。毎月、きちんと会計ソフトに入力していればすぐに見ることができます。顧問税理士に依頼していれば、毎月資料を送ると試算表を返送してくれます。

≪試算表の構成

一般的に試算表は4列で構成されています。勘定科目ごとに左から順に「前月残高」「借方発生額」「貸方発生額」「当月残高」です。**ここでチェックすべきなのは、1番左の「前月残高」と1番右の「当月残高」です。**

≪貸借対照表に書かれていること

1番右の残高はずばりそのまま、**会社に資産や負債がどのくらいあるか**です。たとえば、「現金」のところに「300」とあれば、その月の末日の会社の現金残高が30万円あるという意味です。「資産合計」に書かれているのは、現金や預金、在庫、売掛金、土地、建物など、会社のお金に代わるものの合計です。「負債合計」に書かれているのは、ズバリ会社の借金の額です。この「資産－負債」が「純資産合計」というところに出ていますが、ここがマイナスだと、会社の持っている資産より今後支払う負債のほうが多いことになるので要注意です。

● 貸借対照表と損益計算書の関係
● 貸借対照表

資産の部

株式会社ソーテックス　　　　　　　　　　　　　　　　　　　単位：千円

勘定科目	前月残高	借方発生額	貸方発生額	当月残高
現　金	300			300
普通預金	3,800			3,800
売掛金		2,100		2,100
商　品	450			450
前払費用		300		300
仮払金		100		100
流動性預金計	4,100			4,100
現金・預金計	4,100			4,100
【流動資産】	4,550	2,500		7,050
工具器具備品	4,500		1,000	3,500
(有形固定資産)	4,500		1,000	3,500
敷　金	500			500
(投資その他の資産)	500			500
【固定資産】	5,000		1,000	4,000
資産合計	9,550	2,500	1,000	11,050

売掛金 → 未回収の売上が売掛金へ
前払費用 → 経費の先払分

負債・純資産の部

株式会社ソーテックス　　　　　　　　　　　　　　　　　　　単位：千円

勘定科目	前月残高	借方発生額	貸方発生額	当月残高
買掛金			100	100
短期借入金	1,455			1,455
未払金			140	140
前受金				
預り金	250			250
未払法人税等			100	100
【流動負債】	1,705		340	2,045
負債合計	1,705		340	2,045
【資本金】	3,000			3,000
繰越利益剰余金	4,835	1,340	2,505	6,000
(うち当期純損失)	335	1,340	2,505	1,500
【利益剰余金】	4,835	1,340	2,505	6,000
純資産合計	7,835	1,340	2,505	9,000
負債・純資産合計	9,540	1,340	2,845	11,045

決算処理前　　決算処理　　決算処理後

● 損益計算書

株式会社ソーテックス　　　　　　　　　　　　　　　　　単位：千円

勘定科目	前月残高	借方発生額	貸方発生額	当月残高
売　上	7,480		2,100	9,580
【売上高】	7,480		2,100	9,580
[売上総利益]	7,480		2,100	9,580
販売管理費	7,160	1,240	400	8,000
[営業利益]	320	1,240	2,500	1,580
受取手数料	10			10
雑収入	15			15
【営業外収益】	25	5		20
[経常利益]	345	1,245	2,500	1,600
[税引前当期純利益]	345	1,245	2,500	1,600
法人税等		100		△100
[当期純利益]	345	1,340	2,500	1,505

経費の未払分

貸借対照表と損益計算書は
つながっています。

≪損益計算書に書かれていること

　会社が今期いくら儲けたかが書いてあります。あたりまえですが、「売上 − 経費」がマイナスだと赤字です。

試算表のチェックポイント

≪貸借対照表で見ること

まずは、現預金や売掛金の金額があっているかを確認します。もし消費税の課税業者であるなら、「仮受消費税」「仮払消費税」を確認します。「仮受消費税 － 仮払消費税」が、現時点で会社が払わなければならない消費税の額です。消費税は期末にまとめてドーンと来るので、事前にいくらになるか把握して資金準備をしておく必要があります。

また「預り金」に載っている金額は、近いうちに支払うべき源泉所得税や社会保険料、住民税などですから、いくら支払わなければいけないのかをチェックしておきます。

≪損益計算書で見ること

まずは「**売上高**」をチェックします。今月売った金額は「貸方」に載っています。「**残高**」というのは、今期いくら売ったかの合計額になります。そして、「**当期純利益**」で今までいくら利益または損失が出ているのかを見ます。仕入れがある場合には、仕入原価と売上の額が適正なのかを確認してください。

「売上 － 仕入れ」を一般的に「**粗利（売上総利益）**」といいますが、この粗利が少なすぎたらいくら経費を削減しても赤字になります。粗利が少ない場合は、価格設定が間違っているか仕入れが高すぎるかのどちらかですから、どちらかの変更を検討します。

あとは「**販売管理費**」の中で自分が気になる科目をチェックします。たとえば「交際費」が多いなら、会食やゴルフに行きすぎかもしれませんし、「交通費」が多すぎるなら出張が多かったのか、タクシーに乗りすぎたのか、いろいろ検討することができます。

> 細かい調整は決算のときで大丈夫。毎月の試算表はなるべく早く作成して、前月の成果を今月に生かしましょう！

80 法人税の申告書に書くことと提出のしかた

確定申告書・別表・決算書・科目内訳書・事業概況書・適用額明細書

　法人税の確定申告書にはいろいろな書類が含まれています。いくつかの書類を別々につくり、1冊に束ねたものを「法人税確定申告書」として税務署に提出します。ここはこういうものがあるということだけ、見ておきます。

法人税の確定申告書に含まれているもの

≪❶ 法人税申告書（別表）

　法人税の申告書の書類のことを別表と呼びます。別表は1から19までありますが、すべて必要なわけではありません。自分の会社に必要なものだけを選んで記入して提出します。

≪❷ 決算書

　「貸借対照表」「損益計算書」「株主資本等変動計算書」「個別注記表」をあわせて決算書と呼びます。銀行など金融機関に借入れの申し込みをするときに「決算書を見せてください」といわれますが、それがこの4つの書類になります。

≪❸ 科目内訳明細書

　決算書に載っている金額の内訳を記載します。たとえば、預貯金がどこの銀行にいくらあるのか、売掛金や買掛金、未払金はどこの誰にいくら残っているのか、家賃は誰にいくら払っているのか、給与は役員とその家族にいくら払っているのかなどです。

≪❹ 法人事業概況説明書

　会社の事業内容やその年の売上や利益などの抜粋、毎月の売上や仕入れ、給与の額の推移などを専用のOCR用紙に記入します。OCR用紙なのでほ

かの用紙と一緒にホチキスなどで留めずに、クリップで留めて提出します。

≪❺ 適用額明細書

法人税の計算をする際に**特別措置法**という法律を使った場合、この書類を作成して添付します。特別措置法には、中小企業の税金を安くするような内容のものが多く含まれているため、ほとんどの中小企業は何かしらの適用を受けています。

申告書の提出と納税

≪提出先

所轄の税務署に提出します。税務署の窓口に提出分と控分の２部を持っていき、受付印をもらって控えを持ち帰ります。郵便の場合は返信用封筒に切手を貼り、自分の宛名を書いて申告書２通を同封して送ります。郵便の場合は消印有効です。

≪期限

原則として、**決算月の２カ月後の末日までに申告と納付をします。**その日が土日祝祭日にあたった場合には、その翌日に延びます。たとえば３月決算の法人の場合の期限は５月31日です。

≪納税

納税は期限までに所轄税務署、郵便局、銀行、信用金庫などの金融機関で行います。

地方法人税の創設

平成26年10月１日以降に開始する事業年度から、地方法人税という国税が創設されました。そのため、法人税の納税義務のある会社は、地方法人税の納税義務も発生し、地方法人税申告書の提出が必要となります。

地方法人税の確定申告書は法人税確定申告書と１つの様式です。提出期限は法人税と同じく決算日から２か月以内で、もし税金が発生しなくても「０」と記載して提出します。

法人税の税額に連動して計算される税金なので、法人税が０円なら地方法人税も０円です。

81 消費税・簡易課税

消費税の計算のしかた

　多くの法人や個人事業主は、開業から最初の2年間は消費税が免税になります。免税期間が終わったからといって必ず翌年以降、消費税を払わなくてはいけないというわけではありません。消費税が課税されるかどうかの判定期間の売上によっては、2年がすぎても消費税が免税になる可能性があります。

消費税の基礎知識

≪事業者が預かった消費税を納める

　消費税は原則として、預かった消費税から支払った消費税を引いた額を納付します。預かった消費税とは、商品を売り上げたときにもらった消費税で、支払ったとは、商品仕入れや経費の支払いのときに払った消費税のことです。

≪預かり消費税より支払消費税が多ければ還付される

　消費税は上記の計算方法で計算するので、預かった消費税より支払った消費税のほうが多ければ返してもらえます。

≪消費税が課税される人と消費税のかかる取引

　事業を行う法人は、国内で行った課税資産の譲渡について消費税を支払わなければなりません。ただし、基準期間（2期前）の課税売上高が1,000万円以下の事業者は免税になります。

　国内において事業者が行う資産の譲渡やサービスの提供には消費税がかかります。

　また**輸入取引については、すべての人が納税義務者になります。**外国貨物を引き取るとき（輸入取引）にも消費税がかかります。

≪消費税が課税されない人と消費税のかからない取引

　海外での取引や事業者でないサラリーマンの給与、事業でない自己の所有物の売却などには消費税がかかりません。

　また**輸出取引は免税**です。これは、消費税というものが国内で消費されるものに対して課税される税金なので、輸出する＝海外で消費される、ということになるためです。商品の輸出のみだけではなく、国際郵便や国際電話も同じく免税です。

　次の13種類の取引については非課税になります。

- ❶ 土地の譲渡、貸し付け
- ❷ 有価証券の譲渡
- ❸ 利子、保険料など
- ❹ 切手、印紙、商品券の譲渡
- ❺ 医療費
- ❻ 行政手数料、外国為替業務
- ❼ 介護サービス、社会福祉事業など
- ❽ 助産にかかる資産の譲渡など
- ❾ 埋葬料、火葬料
- ❿ 身体障碍者用物品の譲渡、貸付など
- ⓫ 学校の授業料、入学金など
- ⓬ 教科用図書の譲渡
- ⓭ 住宅の貸付（住居用部分のみ）

≪消費税と地方消費税

　一般的に消費税といっていますが、消費税には国税と地方税があります。8％のうち、6.3％が国税、1.7％が地方税です。申告と納付は国税にまとめてします。

控除対象仕入税額の基礎知識

≪控除対象仕入税額とは？

　課税売上にかかる消費税から、控除できる消費税額を計算します。これを控除対象仕入税額といいます。

≪控除対象仕入税額の計算

　控除対象仕入税額の計算には、一般課税と呼ばれる原則的な方法と「**簡易課税**」と呼ばれる方法があります。**簡易課税は中小事業者だけに認められている方法**です。

簡易課税制度の基礎知識

≪簡易課税制度とは？

簡易課税制度とは、業種によって定められた90％から40％のみなし仕入れ率を用いて控除対象仕入税額を計算する方法です。**簡易課税制度は基準期間の売上高が5,000万円以下の事業者が、あらかじめ税務署長に「消費税簡易課税制度選択届出書」を提出した場合に適用を受けられます。**

● 簡易課税制度のみなし仕入れ率

第1種事業	卸売業	90％
第2種事業	小売業	80％
第3種事業	製造業	70％
第4種事業	飲食店業、そのほかの事業	60％
第5種事業	サービス業（飲食店業を除く）など、金融業、保険業	50％
第6種事業	不動産業	40％

● 簡易課税の計算方法 例

> **例** 卸売業を営む事業者、売上1,080万円（税込）の場合
> ❶ 預かった消費税：1,080万円 × 8/108 ＝ 80万円
> ❷ 支払った消費税：80万円 × 90％（みなし仕入率）＝ 72万円
> ❸ 納める消費税：80万円（❶）－ 72万円（❷）＝ 8万円

≪消費税計算や届出は煩雑

消費税の課税業者になるのは、早くて3年目以降なので、その時期になり消費税が課税されるような経営状態であれば、すでに税理士と契約をしていることが多いでしょう。もししていなければ、税理士を探したほうがいいタイミングです。消費税の計算や届出書類の提出タイミングやその選択はとても煩雑です。書類の提出遅れや、課税非課税の判定を間違えれば税額が変わってしまうので、本業に専念して、税金のことは専門家に任せましょう。

82 決算・申告期限・延滞税・無申告加算税

納付期限までに税金を払わないとどうなる？

申告期限をすぎてしまうと会社の場合には延滞税がかかります。遅延した日数にかかる利息に相当する延滞税も高額ですし、それ以外にも罰金に相当する税金もかかります。

期限内に申告、納付をしないとかかる罰金

≪❶ 延滞税

期限内に支払わなかった場合の延滞税などは金額が高いので、税金は何はともあれ期限内に支払ったほうがいいです。**納期限の翌日から２カ月を経過する日までについての延滞税は年2.5％**、納期限の翌日から２カ月を経過する日までに完納していない場合には、納付すべき本税の額に**納期限の翌日から２カ月を経過する日の翌日以後については年8.8％**がつきます。銀行の預金利率、借入利率に比べても非常に高い利率です。

● 延滞税のしくみ

	納期限		２カ月	
延滞税		2.5%		8.8%

≪❷ 不納付加算税

給与などから天引きする源泉所得税を期限までに納めなかった場合には、延滞税のほかに不納付加算税という罰金のような税金がかかります。

税額はその納付税額の10%ですが、期限後に自ら納付した場合には5%となります（5,000円未満は切り捨て）。

ほかにもこんな加算税がある

≪❶ 過少申告加算税

期限内に確定申告書を提出したあと、修正申告をして追加税額が発生した場合には、原則として追加税額の10%の税金がかかります。

≪❷ 無申告加算税

期限内に申告しなかった場合、無申告加算税もかかります。**無申告加算税は納付税額の15%**です。源泉所得税については、期限内に申告しても納期限までに完納しなければ**不納付加算税が税額の10%**（ただし自主納付すれば5%）もかかります。

≪❸ 重加算税

過少申告加算税がかかるケースで、その内容が悪質である場合には、過少申告加算税に代えて重加算税がかかります。重加算税は大変重く、追加税額の35～40%です。

● 附帯税一覧

附帯税の種類	内容	税額
延滞税	法定納期限までに税金を納付しなかった場合	納期限の翌日から2カ月間は年2.5％、その後の期間は8.8％（1,000円未満切り捨て）
不納付加算税	源泉徴収による国税が法定納期限内に完納されなかった場合	納付税額の10％。ただし調査などが予想される前に納付すれば5％（5,000円未満切り捨て）
過少申告加算税	期限内に確定申告書を提出したあと、修正申告書の提出または更正によって追加税額が生じた場合	追加税額の10％。ただし追加税額のうち期限内確定申告額または50万円のいずれか多い金額を超える部分については15％（5,000円未満切り捨て）

（次頁に続く）

無申告加算税	期限内に確定申告書を提出できない場合で、納付すべき税額があった場合	納付税額の15%。ただし調査などが予想される前に納付すれば5%（5,000円未満切り捨て）。50万円を超える部分については20%
重加算税	過少申告加算税などが課税される場合において、仮装・隠ぺいにより申告している場合に、その過少申告加算税などに替えて課税される附帯税	過少申告加算税に代えた場合は追加税額の35%。無申告加算税に代えた場合はその納付税額の40%。不納付加算税に代えた場合はその納付税額の35%（5,000円未満切り捨て）

附帯税を納付しないと怖い滞納処分がある

≪督促状が送られてくる

　期限までに納付しなかった場合には、その期限から50日以内に税務署から督促状が送られてきます。督促状を受け取ったら、その**督促状が発行された日から10日以内に税金を完納しないと「財産の差押え」となる可能性があります。**この時点で税金を完納できる見込みがないなら、すぐに税務署に行って納付の相談をしなくてはいけません。

≪財産を差押えられたらどうなる？

　実際に財産の差押えが行われると、差押えられた財産の売買などはできなくなります。また差押えが実行されると時効は中断します。

青色申告が取り消されるとどうなる？

≪青色申告のメリット

　青色申告には繰越欠損金の控除や少額資産の一括償却、そのほかいろいろな特典があります。特に、過去に赤字を出した場合には、一定期限まではその過去の損失を繰越して今年の利益と相殺することができます。

≪取り消されるとどうなる

　青色申告を取り消しされると、過去の損失との繰越ができなくなるので、ずっと赤字続きでやっと黒字になったとしても、税金は今年の利益にだけ

かかるので税金が高くなり、今まで赤字だった法人にはかなり重い税負担となります。

どんなとき青色申告の取り消しになる？

≪❶ 取り消し事由

　平成12年7月3日に青色申告の承認の取り消しについての事務運営指針が定められています。

● 法人の場合の青色申告取り消し要件

> ❶ 帳簿書類を提示しない場合における青色申告の承認の取り消し
> ❷ 税務署長の指示にしたがわない場合における青色申告の承認の取り消し
> ❸ 隠ぺい、仮装などの場合における青色申告の承認の取り消し
> ❹ 無申告または期限後申告の場合における青色申告の法人の取り消し
> ❺ 相当の事情がある場合の個別的な取り扱い
> ❻ 電子帳簿保存の承認の取り消しと青色申告承認の取り消し

どうしても払えないときは相談に行く

≪とにかく相談に行く

　もしも税金が期限までに払えなくても、申告書は必ず期限内に提出します。払えない場合にはその提出済みの申告書の控えを持参して、とにかく税務署や都道府県税事務所に相談に行きましょう。役所もオニじゃないので、相談をすれば分割の提案などをしてくれます。

　ここは顧問税理士が行ってもダメで、必ず社長自身が行って、支払う意思があることをアピールしてください。納付せずに放置するのが一番問題です。税務署などには滞納を処分する権利があるので、誠意を見せに行くことが大切です。

索　引

番号

36協定 167

か行

会議費 89
解雇 173
会社からお金を借りたら 132
会社にお金を貸したら 133
外注費 120
確定申告書の第二表 17
貸付利率 132
課税売上 117
株式会社 27
株式会社設立手続き 30
簡易課税制度 241
勘定科目 88
キャリアアップ助成金 182
休暇 163
休憩時間 158
休日 162
給与 120, 186
給与所得者の扶養控除等（異動）申告書 204
給与所得者の基礎控除申告書
　兼　給与所得者の配偶者控除等申告書
　兼　所得金額調整控除申告書 210
給与所得者の保険料控除申告書 206
給与明細書 192
業務災害 176
銀行印 77
クレジットカード 17, 99
経営セーフティ共済 137
経費 108
決算 214
決算期 47
減価償却 113, 219
源泉所得税 194
合資会社 27
控除対象仕入税額 240
合同会社 27
合名会社 27
雇用契約書 146, 149

雇用保険 142

さ行

債権放棄 133
雑費 89
残業 167
時間外労働 167
事業計画書 63
事業承継 131
事業税 215
事業目的 45
資金繰り 101
自計化 91
試算表 233
事前確定届出給与 78
資本金 49
市民税 215
社印 77
社会保険 67
社会保険料 198
社宅 123
社長から借入れ 133
社長の保険 70
社長の労災保険 69
就業規則 154
住宅借入金等特別控除申告書 207
収入印紙 86
住民税 196
出張手当 127
試用期間 152
小規模企業共済 134
償却資産 115
償却資産税 214
消費税 216, 239
証憑類の整理 94
消耗品 112
消耗品費 89
食事代 126
助成金 145, 179
所定休日 162
所定労働時間 157

246

新創業融資制度	55
信用金庫	74
信用組合	74
信用保証協会	60
請求書	87
税金の年間スケジュール	217
制度融資	56
生命保険	130
税理士の選び方	96
接待交際費	89
相対的記載事項	36
損益計算書	230
損益分岐点	103

た行

代休	165
貸借対照表	227
退職	171
退職金	130
代表者印	77
棚卸	224
地方銀行	74
地方法人税	216
中間納付	216
駐車場	126
通勤災害	176
定款	35
定期同額給与	78
登記事項証明書	39
当座預金	75
道府県民税	215
特定求職者雇用開発助成金	180
特別徴収	196
都市銀行	74
トライアル雇用奨励金	180

な行

入社	147
任意的記載事項	36
年金制度	130
年末調整	202
納税準備預金	75

は行

バーチャルオフィス	44
ハローワーク	144
福利厚生費	89
普通徴収	17
普通預金	75
振替休日	165
文書の保管	95
法人カード	99
法人税	215
法人税申告書（別表）	237
法人成り	20
法定外休暇	164
法定休暇	163
法定休日	162
法定労働時間	157
本店	43
本店所在地	43

ま行

身元保証書	146
免税業者	117

や行

役員報酬	78
有給休暇	159
融資	57
予算の立て方	105

ら行

利益連動給与	79
領収書	85, 92
レシート	81
労災保険	141, 176
労働時間	157
労働保険	140

わ行

割増賃金	190

執筆協力：石橋　文　　（税理士）
　　　　　酒井　明日子（社会保険労務士）
　　　　　土屋　信彦　（特定社会保険労務士）
　　　　　戸倉　希央　（司法書士）
　　　　　　　　　　　　　　（五十音順）

ダンゼン得する　知りたいことがパッとわかる
起業と会社経営の実務がよくわかる本

2015年 6 月15日　初版第 1 刷発行
2022年 1 月31日　初版第 7 刷発行

著　者　　古田真由美　平真理
発行人　　柳澤淳一
編集人　　久保田賢二
発行所　　株式会社　ソーテック社
　　　　　〒102-0072 東京都千代田区飯田橋4-9-5　スギタビル4F
　　　　　電話：注文専用 03-3262-5320
　　　　　FAX：　　　　03-3262-5326
印刷所　　図書印刷株式会社

本書の全部または一部を、株式会社ソーテック社および著者の承諾を得ずに無断で複写（コピー）することは、著作権法上での例外を除き禁じられています。
製本には十分注意をしておりますが、万一、乱丁・落丁などの不良品がございましたら「販売部」宛にお送りください。送料は小社負担にてお取り替えいたします。

©MAYUMI FURUTA & MARI TAIRA 2015, Printed in Japan
ISBN978-4-8007-2023-8